ars vivendi

Gisela Lipsky, Gaby Ullmann

Fundort Sagen und Legenden in Franken

Ein ars vivendi Freizeitführer

Bildnachweis:
Amt für Kultur und Tourismus Stadt Wolframs-Eschenbach: S. 59; Congress- und Tourismus-Zentrale Nürnberg: S. 14, 20; CSvBibra, Wikimedia Commons, gemeinfrei: S. 157; Fremdenverkehrsverband Hesselberg: S. 66/67; Georg Schockel, Heimatverein- und Verschönerungsverein Höchstadt a. d. Aisch: S. 84; Gerhard Schöbit: S. 56; Inga Nielsen/Fotolia.com: S. 162; Klaus Maigut: S. 107, 113, 118, 124, 143, 152, 168, 178; Mark Belschner, Friedhofsverwaltung St. Johannis: S. 32; Michael Fiedler, Wikimedia Commons, lizenziert unter CreativeCommons-Lizenz by cc-by-sa-3.0: S. 96; Mittelalterliches Kriminalmuseum Rothenburg o. d. Tauber: S. 77; olga.navratilova, Wikimedia Commons, lizenziert unter CreativeCommons-Lizenz by cc-by-sa-3.0: S. 100; Oliver Frank, Hilpoltstein: S. 44; Restaurant Heilig-Geist-Spital, Nürnberg: S. 26; Rudi Beringer: S. 49; Stadt Ansbach: S. 71; Stadt Bamberg: S. 91; Stadt Weißenburg: S. 50; Stadt Wunsiedel: S. 130; Tourist-Information Fichtelgebirge: S. 135; Touristinformation Lohr am Main: S. 173; Ulf Böttcher/Stadt Altdorf: S. 38; Unternehmen Stadt Kulmbach: S. 140; alle hier nicht aufgeführten abgedruckten Bilder unterliegen der Gemeinfreiheit.

Bei der Realisierung dieses Buches ließen wir größtmögliche Sorgfalt walten. Falls dennoch Informationen falsch oder inzwischen überholt sein sollten, bedauern wir dies, können aber auf keinen Fall eine Haftung übernehmen.

Zweite, überarbeitete und aktualisierte Auflage 2015
© 2004/2015 by ars vivendi verlag GmbH & Co. KG, Cadolzburg
Alle Rechte vorbehalten
www.arsvivendi.com

Umschlag: ars vivendi verlag unter Verwendung eines Fotos von © Klaus Maigut
Satz: Christine Richert, www.typoholica.de
Karte: Ingenieurbüro Dieter Ohnmacht, Frittlingen
Lektorat: Simon Meier
Korrektorat: Eva Elisabeth Wagner
Druck: Appel & Klinger Druck und Medien, Schneckenlohe
Printed in Germany

ISBN 978-3-86913-507-6

Inhalt

Vorwort · 7

Mittelfranken

1. Raubritters Brautschau · 10
   Eppelein von Gailingen auf Freiersfüßen
2. Brennendes Eis · 17
   Das Wirken des heiligen Sebaldus
3. Spuk im Heilig-Geist-Spital · 23
   Der grindige Heinz und die närrische Gusterti
4. Die Totenmesse · 29
   Geisterstunde in St. Lorenz
5. Gut gezielt, Schütze! · 35
   Wallensteins Rückkehr
6. Feuriger Atem · 41
   Der Drache von Hilpoltstein
7. Jagdfieber · 47
   Der Legionär und das Mädchen von Weißenburg
8. Der goldene Schlüssel · 53
   Das letzte Schurkenstück des Ritters von Absberg
9. Irrwege zum Ruhm · 58
   Der *Parzival* des Wolfram von Eschenbach
10. Schlangengold · 64
    Serpentina vom Hesselberg
11. Mord im Hofgarten · 70
    Das kurze Leben des Kaspar Hauser
12. Der verliebte Teufel · 76
    Brautschau mit Pferdefuß
13. Dunkle Visionen · 81
    Die fränkische Seherin Sibylla Weiß

Oberfranken

14. Kunigundes Feuerprobe · 88
    Das Gottesurteil von Bamberg
15. Höllische Helfer · 93
    Vom Bau der Walburgiskapelle

16	Ein böses Omen Der Leutenbacher Orakelbrunnen	98
17	Steinharte Strafe Der Höhlengeist im Frauenstein	104
18	Der letzte Tanz Die Nymphen von den Stempfermühlquellen	110
19	Ein Blick ins Paradies Frau Holles himmlische Äpfel	115
20	Zum Teufel mit der Liebe! Im Tiefflug über Burg Rabenstein	121
21	Die falschen Ritter Vom Ende der Luxburg	127
22	Verwunschenes Glück Die Liebenden von Hallerstein	132
23	Mörderisches Missverständnis Die Weiße Frau von der Plassenburg	137
24	Tödlicher Streich Der unheilige Mönch von Coburg	142

Unterfranken

25	Hertha, hilf! Der Hohle Stein bei Reutersbrunn	150
26	Blutige Rache Die Raubritter vom Steinrangen	154
27	Tod eines Märtyrers Der Frankenapostel St. Kilian	159
28	Ertappt! Die Hexen vom Dillberg	165
29	Hinter den sieben Bergen Schneewittchen im Spessart	170
30	Zappliges Spielzeug Die Miltenberger Heunesäulen	175

Ortsregister 180

Die Autorinnen 183

Vorwort

In Franken ist der Teufel los – und nicht nur der: In unseren Sagen und Legenden tummeln sich Hexen und Heilige, Riesen und Zwerge, Wassernymphen und Wiedergänger, die keine Ruhe finden. Neben mysteriösen Begebenheiten stehen historische Ereignisse im Mittelpunkt, Aufstände und Kriege, Kreuzfahrer und Raubritter, untergegangene Burgen und Dörfer.

Es liegt im Wesen der Sage, dass sie von unglaublichen Geschehnissen erzählt. Im Gegensatz zum Märchen enthält sie aber oft einen wahren Kern, ist also auch eine Art volkstümlicher Geschichtsschreibung, und sie spielt an einem festen, nachweisbaren Ort – das heißt, wir können uns auf Spurensuche begeben!

Um Sie zu sagenumwobenen Plätzen und geheimnisvollen Orten zu geleiten, haben wir die schönsten Sagen und Legenden aus Franken zusammengestellt. Das Beste daran: Alles ist ganz in der Nähe geschehen, die Schauplätze sind schnell erreicht – alte Burgen, Kapellen und Höhlen, die man mit ganz anderen Augen sieht, wenn man weiß, was sich hier zugetragen haben soll. Höhlenfunde rufen die vorchristliche Vergangenheit wach, der Limes erinnert an die Römerzeit, die fränkischen Städte sind reich an Spuren historischer Persönlichkeiten. Wir begegnen Kaiser Heinrich II., Kaspar Hauser und Wolfram von Eschenbach, der Weißen Frau der Hohenzollern und der legendären Seherin Sibylla Weiß – und erfahren nebenbei einiges über alte Bräuche, Ängste und Leidenschaften.

Bei der Auswahl haben wir uns bewusst auf dreißig herausragende Geschichten beschränkt, darunter populäre Klassiker, aber auch echte Raritäten. Sagen wurden seit jeher weitererzählt – und je nach Erzähler ausgeschmückt –, weil es außergewöhnliche, spannende Geschichten waren. In dieser Tradition haben wir unsere persönlichen Favoriten nacherzählt und manchmal auch um das eine oder andere Detail bereichert.

Historische Informationen, Wander- und Freizeittipps machen unseren Wegweiser komplett. Im Anhang jeder Sage finden Sie ausführliche Hinweise auf Wanderwege und Stadtspaziergänge, auf Burgen und Museen, historische Festspiele oder auf ein Buch zum Weiterlesen.

Wir wünschen angenehmes Gruseln, Wundern und Wandern!

Mittelfranken

1 Raubritters Brautschau
Eppelein von Gailingen auf Freiersfüßen

Ja, das war ein rechter Teufel, der Eppelein von Gailingen! Wie gern hätten die Nürnberger Pfeffersäcke ihn am Galgen baumeln sehen. Aber ums Verrecken, sie kriegten ihn nicht. Immer wieder brachte sie der verhasste Raubritter um ihre Reichtümer und drehte ihnen dabei auch noch eine lange Nase.

Da besaß der Strauchdieb doch tatsächlich die Frechheit, an die Nürnberger Patrizier zu schreiben, er habe die Absicht, die schöne Jungfrau Agnes Tetzel, einzige Tochter eines wohlhabenden Bürgers, zum Weibe zu nehmen – samt ihrer Mitgift natürlich. In einem geharnischten Antwortbrief verbat der Rat sich ein solches Ansinnen, drohte dem Erzfeind mit schweren Strafen, sollte er auch nur in die Nähe der Tetzelin kommen, die längst dem jungen Patrizier Mendel versprochen war. Eppelein aber lachte nur und ließ den hohen Herren bestellen, er werde sich den Hochzeitskuss und die üppige Brautgabe schon zu holen wissen. Weil die Nürnberger sehr genau wussten, dass mit dem Hallodri nicht zu spaßen war, rieten sie dem alten Tetzel, die Hochzeit seiner Tochter schnellstmöglich anzusetzen. Dem jungen Mendel, der ein fleißiger Kaufmann war, passte die Eile nicht recht. Er erwartete aus Leipzig wichtige Ware, unter der sich teures Tuch für seinen Hochzeitsanzug befand. Schließlich aber sah er doch ein, dass Eile Not tat, und so wurde schon eine Woche später Hochzeit gehalten.

Doch kaum hatte das Bankett begonnen, stürmte ein Reiter in den Saal und rief: »Kommt schnell, draußen vor den Toren der Stadt wurde der Kaufmannszug des Herrn Mendel überfallen!« Hei, war das ein Rennen und Stürmen. »Das kann nur der Eppelein gewesen sein«, schrien die aufgebrachten Gäste. »Diesmal lassen wir ihn nicht entkommen.« Und schon waren die Männer, vom Knaben bis zum Greis, aus dem Saale gestürmt. Der Reiter aber, der kein anderer war als Eppelein selbst, lief auf die Braut zu, küsste sie ungestüm auf den Mund und raunte ihr ins Ohr: »Jetzt habe ich auch den Kuss, nachdem ich mir die Brautgabe bereits geholt habe.«

Viele Schandtaten später gelang es den Nürnbergern aber doch, seiner habhaft zu werden. Sie hatten eine hohe Belohnung ausgesetzt, für denjenigen, der den Schurken – tot oder lebendig – ausliefern würde.

Eppelein von Gailingen auf Freiersfüßen

Eppeleins tollkühner Sprung über die Nürnberger Burgmauer

Und so meldete sich ein Mann, der um Eppeleins Leidenschaft für schöne Pferde wusste. Er machte dem Gailinger ein gutes Angebot, und der kam prompt zu ihm, um das Geschäft abzuschließen. Doch kaum war Eppelein in den Stall gegangen, um sich das Tier anzuschauen, fiel hinter ihm das Tor ins Schloss. Er saß in der Falle.

So also hatten die Nürnberger endlich den Erzfeind gefangen, und nun sollte er im Hof der Nürnberger Burg hängen. Die Armesünderglocke hatte gerade zu schlagen begonnen, als Eppelein zu einer Rede anhob: »Erfüllt mir«, sprach er, »einen letzten Wunsch. Ich habe in meinem Leben die Pferde mehr geliebt als die Menschen. Lasst mich deshalb noch einmal in den Sattel steigen.« Die skeptischen Ratsmitglieder wollten zunächst ablehnen, aber schließlich gewährte man dem Gailinger seinen Wunsch. Was sollte auch passieren? Dicht gedrängt standen die Landsknechte mit ihren Speeren und Lanzen Spalier – da war kein Durchkommen möglich. Doch das hatte der Eppelein ohnehin nicht im Sinn. Er bestieg sein Pferd, ritt einmal um den Richtplatz herum und zog seinen Hut vor dem Henker. Dann, mit einem Mal, gab er dem Gaul die Sporen und jagte ihn auf die Burgmauer zu. Ein Satz nur, und Pferd und Reiter landeten im weichen Sumpf des Burggrabens, rappelten sich auf und waren verschwunden. Erst Jahre später gelang es den Nürnbergern, ihren Feind in einer Dorfschenke in Postbauer zu stellen. Und diesmal wurde ihm kurzer Prozess gemacht. Die Hufabdrücke des Hengstes aber sind noch heute in der Burgmauer zu sehen.

❧ Vom Ritter zum Raubritter ❧

»Rauben und Morden, das ist keine Schand, das tun die Besten im ganzen Land«, spottete 1478 der Kartäusermönch Werner Rolevinck. Mit dem Ende der Kreuzzüge und dem Zerfall des mittelalterlichen Lehenssystems verzichteten immer mehr Herrscher auf die Dienste der Ritter, die infolgedessen ihren aufwendigen Lebensstil nicht mehr halten konnten und verarmten. Zu ihrer Schmach mussten sie auch noch zusehen, wie die Städter und Kaufleute immer reicher wurden. Und so kam es, dass nicht wenige von ihnen zu Raubrittern wurden. Sie überfielen Reisende, plünderten Kaufmannszüge, schrieben Erpresserbriefe an Edelherren, Gemeinden und ganze Städte.

Dabei machten sie sich das damals geltende Fehderecht zunutze, nach dem man einem Gegner einfach eine Art private Kriegserklärung schicken konnte, um dann so lange gegen ihn Krieg zu führen, bis man der Ansicht war, die Schuld sei beglichen.

Einer der berüchtigtsten Raubritter war Eppelein von Gailingen. Bei Gunzenhausen und Illesheim sind die Burgherren des Geschlechts derer von Gailingen durch Urkunden bezeugt. Vermutet wird, dass Eppelein um 1311 in Illesheim geboren wurde. Im fortgeschrittenen Alter von 58 Jahren soll er seine ersten Raubzüge unternommen haben, woraufhin er geächtet wurde und seinen Besitz, die Burg Wald bei Gunzenhausen, an den Burg-

> *grafen von Nürnberg verlor. Ein Übereinkommen zwischen den Häusern Hohenzollern und Hohenlohe machte ihn vollends vogelfrei. Doch Eppelein schlug sich mit Mut und Intelligenz gegen die mächtigen Burggrafen und das Patriziat, bis er 1381 verraten wurde und man ihn im Auftrag der Nürnberger in Neumarkt räderte.*

Ausflugstipp: Sagenhafte Winkel der Nürnberger Burg

Sehen Sie sich die Brüstung der Burgmauer beim Fünfeckturm mal ganz genau an: Mit etwas Geduld finden Sie zwei Einkerbungen im Sandstein – die Hufabdrücke von Eppeleins Pferd. Um die Nürnberger Burg ranken sich jedoch noch viele weitere sagenhafte Geschichten. Im Sinwellturm beispielsweise lebte einst der Wächter Jörg Kohler, der ein armes Waisenmädchen zu sich genommen hatte und es wie eine Tochter aufzog. Weil das Mädchen, wann immer es am Webstuhl saß, blaues Garn spann, wurde es die Blaue Agnes genannt. Eines Tages nun geschah es, dass in Nürnberg ein verheerender Brand ausbrach. Von allen Türmen wurden die Hornsignale zur Warnung geblasen, nur vom Sinwellturm nicht. Als die Stadtsoldaten nachsahen, fanden sie den Wächter tot, die Blaue Agnes aber war verschwunden. Seither aber spukt sie als guter Geist im Sinwellturm und bläst das Horn, wenn ein Brand ausbricht.

Neben dem Turm befindet sich der Tiefe Brunnen. Von ihm aus soll ein Gang bis in einen Berg bei Kalchreuth führen. Dort, so sagt man, haust noch immer Kaiser Karl der Große mit seinen Mannen, und einmal im Jahr kommt er, um seine Rösser mit dem Wasser des Tiefen Brunnens zu tränken.

In der Kaiserkapelle schließlich ging es gar mit dem Teufel zu. Der hatte beim Bau der Kapelle einst mit dem Kaplan gewettet, er könne vier Säulen aus feinstem Marmor besorgen, noch ehe der Priester seine Messe beendet habe. Tatsächlich schleppte der Teufel die Säulen in Windeseile heran und brachte den Geistlichen in solche Bedrängnis, dass dieser mit den Entlassungsworten »ite, missa est« die Messe einfach für beendet erklärte. Der Teufel, erbost über seine verlorene Wette, schmetterte die letzte Marmorsäule wütend zu Boden. Noch heute kann man den Ring sehen, mit dem sie geflickt wurde.

Gaby Ullmann

Eppelein von Gailingen auf Freiersfüßen

Sagenumwoben: die Nürnberger Kaiserburg und ihr breiter Burggraben

Anfahrt

ÖPNV: U 1 bis »Lorenzkirche« (Ausgang Hauptmarkt), Bus 36 bis »Burgstraße«, Tram 4 bis »Tiergärtnertor«.

Kfz: In Nürnberg Richtung Stadtmitte fahren. Parkhäuser befinden sich u. a. am Hauptmarkt (Augustinerstr. 4, Einfahrt über Schustergasse), am Hans-Sachs-Platz und in der Adlerstraße. Alle Parkhäuser sind ausgeschildert. Weitere Parkhäuser auf www.parkhaus-nuernberg.de

Vom Hauptmarkt in der Mitte der Altstadt aus geht es über den Rathausplatz und links vorbei an der Sebalduskirche (Fundort Nr. 2). Dann immer bergauf. Die Burg erhebt sich am oberen Ende der Burgstraße.

Informationen

Burgverwaltung Nürnberg, Auf der Burg 13, 90403 Nürnberg, Tel. 09 11/2 44 65 90, www.kaiserburg-nuernberg.de,
Burg Apr–Sep tägl. 9.00–18.00, Okt–März tägl. 10.00–16.00.
Burggarten Apr–Okt 8.00–20.00 (o. Einbruch der Dunkelheit).
Maria Sibylla Merian-Garten Apr–Sep So–Mo 14.00–18.00, Okt bis 16.00.
Gesamtkarte (inkl. Palas mit Doppelkapelle, Tiefer Brunnen, Sinwellturm und Kaiserburg-Museum) 7,00 € (ermäßigt 6,00 €). Die beiden Gärten sind frei zugänglich.

Besonderheit

Vom Sinwellturm aus hat man einen wunderbaren Blick über ganz Nürnberg.

Essen und Trinken

Im Keller der *Alten Küch'n* können Sie unter 800 Jahre altem Gewölbe an wuchtigen Holztischen sitzen und beispielsweise »Ritter Eppeleins urigen Kellerschmaus« probieren. Ab 15 Personen gibt es auf Bestellung auch ein spektakuläres, mehrgängiges Ritter- oder Kaiseressen, mit musikalischer Untermalung durch einen Barden.

Alte Küch'n & Im Keller, Albrecht-Dürer-Str. 3, 90403 Nürnberg, Tel. 09 11/20 38 26, www.alte-kuechn.de, tägl. 17.30–1.00.

Extra

Eppelein von Gailingen wird im gleichnamigen Volksstück, das seit 2005 alle drei Jahre auf der Burg in Burgthann aufgeführt wird, wieder zum Leben erweckt. Weitere Informationen und Termine auf www.eppelein-festspiel.de

Lektüre

Niklas Frank: *Raubritter*, München 2004.

Brennendes Eis 2
Das Wirken des heiligen Sebaldus

Jahr um Jahr war der fromme Pilger Sebaldus durch die Welt gewandert, hatte die Worte des Herrn verkündet und so viele Wunder vollbracht, dass sein Name über die Grenzen vieler Länder hinaus bekannt war. Einmal, so erzählten sich die Leute voll Ehrfurcht, habe er einen brausenden Fluss überqueren wollen, dessen Ufer steil abfielen. Weit und breit fand sich keine Brücke, und wegen der starken Strömung konnte auch der Fährmann den Pilger nicht übersetzen. Da sprach Sebaldus: »Wo Gott ist, ist auch ein Weg«, nahm seinen Mantel, breitete ihn auf dem Wasser aus und ließ sich von ihm über den Fluss tragen.

Ein andermal hatte der Glaubensbote auf einer Wiese vor einem Dorf gepredigt, als ein Zweifler seine Reden verhöhnte. Weil er seinen Spott immer weiter trieb und gar nicht mehr damit aufhören wollte, breitete Sebaldus die Hände aus. Und siehe da, unter dem Ungläubigen tat sich die Erde auf und er versank bis zu den Schultern im Schlamm. Nun aber wurde dem Frevler angst und bange. »Wahrlich, ich bin ein Sünder«, rief er voll Reue. »Ich bitte dich, verzeih mir und rette mich.« Da faltete Sebaldus die Hände zum Gebet, und der Sünder wurde wie von Gotteshand aus der Tiefe gezogen.

Nun trug es sich zu, dass Sebaldus eines schönen Tages nahe der Stadt Nürnberg in einen Wald kam. Der Wanderschaft müde, befand er, dass es Zeit sei sich niederzulassen, und errichtete eine karge Holzhütte. Unter den Nürnbergern sprach es sich schnell herum, dass der fromme Mann in ihrer Nähe lebte, und sie kamen zahlreich in die Einsiedelei, um bei Sebaldus Trost und Rat zu suchen. Mochten ihre Anliegen auch manchmal gering und lächerlich sein, Sebaldus hatte für jeden ein offenes Ohr und ein hilfreiches Wort.

Einmal, es dämmerte bereits, kam ein mageres Bäuerlein aufgeregt in die Hütte des Sebaldus. Seine beiden Kühe, sein einzig Hab und Gut, waren ihm fortgelaufen, und er fürchtete, sie würden in der Nacht in den Steinbruch stürzen oder von Wölfen gerissen werden. »Wir werden sie suchen«, sprach Sebaldus und legte schon den Mantel um. »Aber Herr, es ist schon dunkel«, stotterte das Bäuerlein. »Gott wird uns leuchten«, antwortete Sebaldus, streckte seine Finger aus, und jeder einzelne leuchtete so hell wie die Sonne.

Einer armen Familie wiederum, die unter dem Geiz des grimmigen Hausherren litt, stattete der gute Sebaldus einen Besuch ab. Bitterkalt

Das Wirken des heiligen Sebaldus

Wundertätiger Prediger: Nürnbergs Stadtheiliger St. Sebald (Holzschnitt von 1514)

war es in der Stube. Mutter und Sohn saßen zusammengedrängt vor dem erloschenen Ofen, die Tochter lag fiebernd im Bett. »Warum macht ihr kein Feuer?«, fragte Sebaldus. »Sollns hald mehr ärberdn, nou werds ihna scho warm«, giftete da der Hausherr, »mei Hulz werd jedenfalls ned ogrührt.« Da hieß Sebaldus den Sohn vor die Türe gehen, um Eiszapfen zu brechen und sie anzuzünden. Kurz darauf flackerte das herrlichste Feuer im Ofen der Stube. Der geizige Hausherr aber warf sich vor Sebaldus' Füße und schwor, nie wieder geizig zu sein.

Wie alle Menschen fühlte aber auch Sebaldus eines Tages, dass seine Zeit nahte. Da sagte er zu seinen Getreuen: »Wenn der Herr mich zu sich gerufen hat, spannt einen Ochsenkarren an und legt meinen Leichnam darauf. Dort, wo das Fuhrwerk anhält, sollt ihr mich zur Ruhe legen.«

So geschah es. Der Wagen, auf den der tote Sebaldus gebettet war, holperte, von den Ochsen gezogen, über Stock und Stein, und wo immer er vorüberkam, neigten die Tiere des Waldes ihre Köpfe. Nach langer Fahrt schließlich hielten die Ochsen an und legten sich nieder. Es war genau die Stelle, an der sich heute die Sebalduskirche befindet.

❧ Rätselraten um Nürnbergs Stadtheiligen ❦

Ob Sebaldus tatsächlich all die Wunder vollbracht hat, die ihm zugeschrieben werden? Lassen wir es ebenso Glaubenssache sein wie die Herkunft des heiligen Mannes. In dem um 1280 entstandenen Reimoffizium Nuremberg extolleris *heißt es, er entstamme französischem Adel, um 1340 machen ihn die Lesungen* Omnia que gesta sunt *zum Gefährten der Heiligen Willibald von Eichstätt und Wunibald von Heidenheim. Die erste deutschsprachige Fassung der Sebalduslegende,* Es war ein kunek *von 1380, beschreibt ihn als dänischen Königssohn, der zu Zeiten Karls des Großen lebte. Gesichert ist nur eines: Sebaldus wurde zu Füßen der Burg in der St.-Peter-Kapelle beigesetzt, die Mitte des 13. Jahrhunderts in St. Sebald umbenannt und durch die heutige Kirche ersetzt wurde.*

Das Volk verehrte Sebaldus schon immer als Heiligen, 1425 schließlich wurde er vom Heiligen Stuhl anerkannt. Sein Tag im Heiligenkalender, der 19. August, war in Nürnberg früher ein hoher Feiertag. Der Sarg wurde in einer Prozession durch die Stadt getragen, die Leute beugten sich darunter hindurch und versprachen sich davon Heilung ihrer Kreuzschmerzen.

Da der Sarg häufig aufgebrochen wurde, sogar Teile des Silberblechs gestohlen wurden, wird der Schrein alle 30 Jahre geöffnet und von Vertretern der Stadt und der Kirchen visitiert. Dabei werden auch die Reliquien gezählt: Es sind 18 große und 91 kleine Gebeine und der Schädel.

Die Sebalduskirche erhebt sich gegenüber des Alten Nürnberger Rathauses.

Ausflugstipp: Kinderführung in St. Sebald

»Warum hat der denn einen Hut auf?« – »Wieso hat Sebaldus die Krone abgesetzt?« – »Guck mal! Da oben an der Decke scheint eine Sonne.« – »Oh, wie süß! Da, das Jesuskind nuckelt ja an Marias Brust!« – »Ja, und dort unter dem Sarg sind lauter Schnecken. Was machen die da?« – »Wieso streckt der Kopf an der Orgel eigentlich immer seine Zunge raus?«

Wenn in St. Sebald Kinderführung ist, hallt fröhliches Lachen im hohen Gewölbe wider, und die Fragen purzeln so schnell durch das

Kirchenschiff, dass die Pfarrerin kaum nachkommt, sie alle zu beantworten. Letztlich aber ist alle Wissbegier gestillt und die Spurensuche beendet: Die Kinder haben das Eiszapfenwunder am Grabmal des Sebaldus aufgespürt und gelernt, dass der Erzgießer Peter Vischer elf Jahre lang an dem Kunstwerk gearbeitet hat. Sie haben die aus Birnbaum geschnitzte Strahlenkranzmadonna bewundert und entdeckt, dass das Gotteskind eine Birne in der Hand hält. An Veit Stoß' Kreuzigungsgruppe haben sie über Tod und Auferstehung philosophiert und am gusseisernen Taufbecken über die Sakramente.

Führungen finden ab einer Gruppe von 10 Kindern statt. Anfragen bitte an Pfarrerin Petra Seegets (Tel. 09 11/2 14 25 08). Natürlich gibt es in Nürnbergs ältester Pfarrkirche, die übrigens seit 1525 evangelisch-lutherisch ist (und trotzdem einen katholischen Heiligen beherbergt – eine echte Seltenheit!), auch Führungen für Erwachsene, die nicht minder aufregend sind.

Gaby Ullmann

INFO

Anfahrt
ÖPNV: U1 bis »Lorenzkirche« (Ausgang Hauptmarkt),
  Bus 36 bis »Burgstraße«.
Kfz: In Nürnberg Richtung Stadtmitte fahren. Parkhäuser
  befinden sich u. a. am Hauptmarkt (Augustinerstr. 4,
  Einfahrt über Schustergasse), am Hans-Sachs-Platz und
  in der Adlerstraße. Alle Parkhäuser sind ausgeschildert.
  Weitere Parkhäuser auf www.parkhaus-nuernberg.de

Information
St. Sebald, Albrecht-Dürer-Platz 1, 90403 Nürnberg,
  Tel. 09 11/2 14 25 00 (Pfarramt), www.sebalduskirche.de,
  Jan–März 9.30–16.00, Apr–Mai 9.30–18.00,
  Jun–15. Sep 9.30–20.00, 16. Sep–Dez 9.30–18.00.

Essen und Trinken
Eine Institution, wenn es um Nürnberger Rostbratwürste geht,
  ist das *Bratwursthäusle*, Rathausplatz 1, 90403 Nürnberg,
  Tel. 09 11/22 76 95, www.die-nuernberger-bratwurst.de
  oder www.bratwursthaeusle.de, Mo–Sa 10.00–22.00.

Besonderheiten

Kostenlose Führungen in St. Sebald ganzjährig Mi und Sa 15.00.

Gottesdienste 1. Advent–letzter So vor Passionszeit So 10.00, erster So in Passionszeit–letzter So im Kirchenjahr So 8.30 und 10.00. Jeden ersten So im Monat mit Abendmahl. Jeden zweiten So im Monat 18.00 Segnungs- und Abendmahlgottesdienst.

Informationen zu aktuellen Kirchenmusikveranstaltungen und zur »Offenen Abendkirche« mit Musik, Führungen und kurzen Lesungen erhalten Sie auf www.sebalduskirche.de

Spuk im Heilig-Geist-Spital   3
Der grindige Heinz und die närrische Gusterti

In Nürnberg lebte eine angesehene Bürgerfamilie namens Heinz, deren Angehörige allesamt von stattlichem Wuchs waren. Der Konrad aber überragte alle noch um einen Kopf, weswegen er auch »der Groß« genannt wurde. Zu seinem Kummer aber hatte er noch einen zweiten Beinamen: »Der grindige Heinz« wurde er hinter seinem Rücken gerufen, weil er seit seiner Kindheit einen garstigen Ausschlag hatte, den auch die besten Doktoren nicht heilen konnten.

So kam es, dass Konrad die Gesellschaft anderer mied. Wann immer es ging, zog er sich in seinen Garten vor den Toren der Stadt zurück. Dort hatte er eines Tages einen Traum. Umgeben von 13 Lindenblättern sah er in seinem Garten eine Truhe voll des herrlichsten Goldes stehen, und siehe, als er erwachte, lagen da tatsächlich die Blätter auf dem Boden. Konrad ließ an der Stelle graben und fand einen Schatz, der alle irdischen Vorstellungen übertraf. Nun war er aber ein frommer und mitfühlender Mann, und deshalb ließ er, der in seinem Leben selbst so viel Spott hatte ertragen müssen, am Pegnitzgrund ein Haus für die Armen, Alten und Siechen errichten und nannte es Heilig-Geist-Spital. Eine der ersten Pfründnerinnen, die dort Aufnahme fanden, war ein altes Weiblein, das mit Heilkräutern hantierte und allerlei Tinkturen zusammenmischte. Eine der Salben gab sie dem grindigen Heinz, und schon drei Tage später war er von seiner Krankheit geheilt.

Viel Gutes ist seither geschehen im Spital zum Heiligen Geist, aber auch Gespenstisches. Da gab es eine Witfrau aus Wöhrd namens Gustert, die als Köchin bestellt und von redlichem Wesen war. Mit der Zeit aber wurde sie immer seltsamer und böser, sodass sie bald nur noch die »närrische Gusterti« gerufen wurde. Sie gönnte den armen Pfründnern nicht den Bissen im Munde. Statt des ihr zugeteilten Löffels, mit dem sie die Suppe und den Brei verteilen sollte, ließ sie sich einen viel kleineren machen, der genauso aussah. Als die betrogenen Spital-Insassen sich beim Rat beschwerten, wurde ein Kontrolleur gesandt. Der fand, versteckt in einer Küchenschublade, prompt den viel zu kleinen Löffel, packte ihn, warf ihn zum Fenster hinaus und schrie erbost: »Der ist des Teufels!«

Der grindige Heinz und die närrische Gusterti

Der wohlhabende Patrizier Konrad Groß nutze sein Vermögen für zahlreiche Stiftungen.

»Des bin i aa«, kreischte da die Gusterti, sprang dem Löffel hinterher und wurde von den Fluten der Pegnitz verschlungen.

Wer nun aber glaubt, damit wäre das Spital von der närrischen Gusterti befreit gewesen, irrt. Nacht für Nacht schlurfte ihr bleicher Geist in die Schlafsäle der Pfründner, rollte die giftgrünen Augen, heulte, jaulte und schrie: »Loußt in groußa Löffl liegn und nehmts in klana!«

Wochen und Monate ging das so, den Pfründnern schlotterten vor Angst und Grauen die ohnehin klapprigen Glieder. Schließlich wurde der Geisterbanner von Nürnberg gerufen, was zu jener Zeit der Henker war. Der stellte einen großen Weidenkorb auf den Herd, und als nachts die Turmuhr zum zwölften Male schlug, sauste die Gusterti durch den Rauchfang hindurch direkt in den Korb hinein, den der Henker schnell mit einem Tuch zuband. So trug er die unstete Seele hinaus nach Fischbach auf den Hohen Bühl und ließ den Korb tief im Wald stehen. Seither spukt die närrische Gusterti dort zwischen den Bäumen und erschreckt Wanderer und Pilzesucher mit ihrem lautem Gekreisch: »Loußt in groußa Löffl liegn und nehmts in klana!«

ᶑ Konrad Groß – ein frommer Stifter ᶓ

Was die Legende betrifft, so wurden wohl im Laufe der Zeit zwei Personen sowie deren Namen miteinander verquickt. Historisch belegt durch eine burggräfliche Urkunde vom 24. August 1276 ist, dass in Nürnberg der überaus wohlhabende Patrizier Heinrich (Heinz) lebte, der den Zunamen Groß trug und daher auch »Henricus Magnus« genannt wurde. Er gehörte den »ritterbürtigen«, schöffenbaren Geschlechtern an, auch wenn sein Reichtum nicht auf Handel, sondern auf sehr ausgedehnte Ländereien gründete, die er unter anderem durch zwei Ehen mit adeligen Frauen erhielt. Sein Sohn Konrad, um 1280 geboren, mehrte das beträchtliche Vermögen seiner Familie noch durch Reichspfandschaften und gehörte bald zu den reichsten Männern des 14. Jahrhunderts. Oft wird er deshalb mit Jakob Fugger verglichen. Weil er davon überzeugt war, dass irdische Wohltaten dem Seelenheil im Jenseits förderlich sind, stiftete er einen beachtlichen Teil seines Reichtums. Eine seiner wichtigsten Stiftungen war das Heilig-Geist-Spital. Konrad Groß starb 1356. Er wurde im Kreuzigungshof des Spitals bestattet. Dort befindet sich auch das Grab von Herdegen Valzner, einem Verwandten von Groß, der dem Spital 1390 eine Kapelle stiftete. Heute ist das Heilig-Geist-Spital ein städtisches Seniorenheim. Außerdem befindet sich darin ein Restaurant.

ᶑ Sicherer Hort für Krone und Zepter ᶓ

Als man im 15. Jahrhundert nach einem sicheren Aufbewahrungsort für die Reichskleinodien suchte, fiel die Wahl auf Nürnberg. Der Transport verlief streng geheim: Die Kleinodien, darunter das Schwert Karls des Großen, Reichskrone und Reichsapfel, aber auch Reliquien wie die Heilige Lanze, Teile der Krippe von Bethlehem und Splitter vom Kreuz Jesu, wurden unter einer Wagenladung Fisch nach Nürnberg gebracht, wo sie über dreihundert Jahre lang in einem Schrein in der Heilig-Geist-Kirche aufbewahrt wurden.

Bis die Stadt protestantisch wurde, feierte man jedes Jahr ein großes Fest, bei dem die Kleinodien auf dem Hauptmarkt gezeigt wurden. Viele Kranke erhofften sich davon Heilung. 1796 brachte man die Reichskleinodien nach Wien, um sie vor den Franzosen in Sicherheit zu bringen. Hitler ließ sie wieder nach Nürnberg holen, doch die Amerikaner gaben sie 1945 zurück nach Wien, wo sie in der Hofburg zu bewundern sind. In Nürnberg ist eine Kopie von Zepter, Reichskrone und Reichsapfel im Alten Rathaus zu sehen.

Im Spiegel der Pegnitz: das Heilig-Geist-Spital

Ausflugstipp: Nürnberger Geisterwege

Unheimlichen Wesen wie der närrischen Gusterti können Sie auf den Nürnberger Geisterwegen begegnen, einer Führung des Historikers und Wanderzählers Marco Kirchner, der nach eigenem Bekunden ein Nachfahre einer echten Hexe ist. Die nächtlichen Spaziergänge beginnen an der Tourist-Information am Hauptmarkt. Von hier aus geht es beispielsweise zum Ölberg unterhalb der Burg, wo Sie Bekanntschaft machen mit dem armen Knoblauchsbauern Kaspar, der einst von einem einäugigen Jägersmann den Rat bekam, die Nüsse vom Baum seines Gartens zu pflücken, sie würden sich in reines Gold verwandeln – vorausgesetzt, er verspräche, nicht geschwätzig zu sein. Weil der Bauer, nachdem er reich geworden war, aber jedem von seinem Glück erzählte, drehte ihm der Jäger den Hals um. Seither spukt der Nusskaspar am Ölberg und bietet – seien Sie gewarnt! – den Passanten seine verfluchten Walnüsse an.

An der Sebalduskirche warten ängstliche Bäckersburschen, schweigsame Gespenster und steinerne Dämonenschrecks. In der Schustergasse wird die Geschichte eines Lehrlings erzählt, der von einer Drude gequält wurde, die sich dem armen Opfer auf die Brust setzte, ihm den Atem raubte und zu allem Überdruss auch noch fürchterliche Albträume bescherte. Bevor es dann an der Fleischbrücke zum Glockenkobold und zur Geistermesse in der Lorenzkirche geht, bleibt aber noch kurz Zeit, ein wenig aufzuatmen. Am Schönen Brunnen dürfen Sie am Wunschring drehen und das Orakel befragen – wenn Sie eine der zwölf »Losnächte«, jene Nächte zwischen dem 25. Dezember und dem 5. Januar (auch Raunächte genannt), in denen alle Geister unterwegs sind, erwischen, wird Ihr Wunsch bestimmt in Erfüllung gehen!

Gaby Ullmann

Anfahrt
ÖPNV: U 1 bis »Lorenzkirche« (Ausgang Hauptmarkt), Bus 46 oder 47 bis »Heilig-Geist-Spital«.
Kfz: In Nürnberg Richtung Stadtmitte fahren. Parkhäuser befinden sich u. a. am Hauptmarkt (Augustinerstr. 4, Einfahrt über Schustergasse), am Hans-Sachs-Platz und in der Adlerstraße. Alle Parkhäuser sind ausgeschildert. Weitere Parkhäuser auf www.parkhaus-nuernberg.de

Informationen
Restaurant Heilig-Geist-Spital, Spitalgasse 16, 90403 Nürnberg, Tel. 09 11/22 17 61, www.heilig-geist-spital.de, tägl. 11.30–23.00 warme Küche. Schöner schattiger Biergarten im Hof.
Nürnberger Geisterwege, 1–3 mal im Monat Do, Fr, Sa oder So 21.00, Treffpunkt an der Tourist-Information am Hauptmarkt (Hauptmarkt 18), 7,00 € (ermäßigt 4,00 €). Weitere Informationen und genaue Termine über Geisterführer Marco Kirchner unter Tel. 0 98 72/9 57 01 69 oder 01 75/4 02 41 48 und auf www.geisterwege.de

Besonderheit
Die Besichtigung der Hochgräber von Konrad Groß und Herdegen Valzner in der Vorhalle des Kreuzigungshofes ist frei. Zugang über die Spitalgasse und die Spitalbrücke.

Extra
Die dreifach versiegelte Urkunde, mit der sich Konrad Groß seine Stiftung vom Bamberger Bischof Leupold II. und dem Pfarrer von St. Sebald bestätigen ließ, ist im Nürnberger Stadtarchiv (Norishalle, Marientorgraben 8) verwahrt. Aus konservatorischen Gründen wird das Original nicht mehr

 ausgestellt. Wer möchte, kann sich aber ein Faksimile zeigen lassen. Anfrage unter Tel. 09 11/2 31 27 70 oder an der Zentralen Benutzerberatung im Lesesaal, Mo–Do 8.30–15.30, Fr 8.30–12.30. Weitere Informationen auf www.stadtarchiv.nuernberg.de

Die Totenmesse 4
Geisterstunde in St. Lorenz

In Nürnberg lebte einst eine fromme Frau, die frühzeitig Witwe geworden war und ihr Leben lang schmerzlich um ihren verstorbenen Mann trauerte. Die Witwe ging täglich zur Kirche. Viele Jahre hindurch besuchte sie die Frühmesse in der Lorenzkirche, die zumindest im Herbst und Winter noch vor der Dämmerung begann.

Es war am Allerseelentag, dem 2. November, als sie nach unruhigem Schlummer aufwachte und glaubte, die Glocke zur Messe läuten zu hören. Hinter den Wolken stand der Vollmond so hell am Himmel, dass sie meinte, der Tag breche schon an. Rasch warf sie ihren Mantel über und eilte hinüber in die Kirche. Damals war noch ein großer Friedhof um St. Lorenz herum. Wenn man zur Messe ging, musste man erst an den vielen Gräbern vorbei.

Die Kirchentüren standen weit offen, und der Gottesdienst hatte bereits begonnen. Viele Andächtige knieten in den Bänken, und die Frau nahm still ihren Platz ein. Der Geistliche, der vor dem Altar stand und die Messe las, kam ihr merkwürdig vertraut vor. Als er sich umdrehte, gefror ihr das Blut in den Adern: Es war kein anderer als der alte Pfarrer, der vor einigen Monaten draußen auf dem Friedhof begraben worden war. Und als sie sich voll Schrecken zu ihrer Nachbarin wandte, um ihr zu sagen, was sie bemerkt hatte, da sah sie, dass neben ihr, hinter ihr, rings um sie herum lauter Tote saßen, teils Menschen, die erst vor Kurzem verstorben waren, teils halb verweste Schreckgestalten, unter ihnen etliche, die sie in ihrem Leben gut gekannt hatte. Starr vor Angst saß die Witwe auf ihrem Platz, die Haare standen ihr zu Berge, und sie wusste nicht, ob sie stillhalten oder die Flucht ergreifen sollte, bis jemand leise an ihre Seite trat. Es war ihre Gevatterin, die auch schon lange gestorben war. »Behüt uns der allmächtige Gott«, flüsterte sie, »Klara, wie kommt Ihr daher? Ich bitt Euch, geht so schnell Ihr könnt aus der Kirche und seht Euch nur nicht um, es kostet Euch sonst Euer Leben! Ihr habt die Totenmesse gestört. Wenn sie Euch bemerken, dann werden sie Euch in Stücke reißen.«

Schreckensbleich stand Frau Klara auf und schlich auf die offene Tür zu. Die Toten hatten ihre Köpfe alle zum Gebet gesenkt. Es war ihr aber doch, als wäre hinter ihr ein gespenstisches Huschen und Schleichen. Während sie hastig aus der Tür trat, schlug die Glocke im Turm ein Uhr, und die Türe schlug mit solcher Gewalt gleich hinter ihr zu, dass

Schauplatz der Totenmesse: die Nürnberger Lorenzkirche

ihr Mantel eingeklemmt wurde. Sie ließ ihn dort, lief, was sie laufen konnte, an den Gräbern vorbei, erreichte atemlos ihr Haus und sank ohnmächtig auf der Schwelle nieder, wo man sie am anderen Morgen fand.

Zwei Tage musste Frau Klara, schwach vor Schrecken, das Bett hüten. Doch weil sie ein beherztes Weib und den Toten unversehrt entronnen war, trug sie weiter keinen Schaden davon und kam bald wieder zu Kräften. Die Diener aber, die sie auf den Kirchhof schickte, um nach ihrem Mantel zu suchen, kamen unverrichteter Dinge zurück. Der Mantel war zerstückelt und zerrissen, auf jedem Grab lag ein Fetzen davon.

Ein guter Tod

Ein guter Tod, das hieß damals, als es noch einen Friedhof um die Lorenzkirche gab: rechtzeitig zu wissen, dass es aufs Ende zuging, und inmitten von nahestehenden Menschen aus dem Leben zu scheiden. Heute glauben viele, es sei leichter, plötzlich zu sterben, an einem Herzschlag oder Unfall, doch zu Zeiten von Frau Klara war das ein hässlicher, bitterer Tod. Man fürchtete nicht so sehr das Sterben, sondern den einsamen Tod ohne Zeugen, ohne Zeremonien.

Menschen, die im Sterben lagen, wurden keine Minute allein gelassen. Angehörige und Nachbarn drängten sich wie ein Schutzwall um das Sterbebett, und wenn jemand auf der Straße sah, dass ein Pfarrer mit dem Allerheiligsten ins Haus eilte, so konnte er ihm ohne Weiteres folgen – jeder, der Teilnahme zeigte, war willkommen. Mit dem Tod erfolgte ein allgemeiner Aufschrei, man rang die Hände, riss sich an Bart und Haaren, umarmte und küsste den Leichnam. Häufig wird berichtet, dass Trauernde ohnmächtig niedersanken – im Zusammenbruch offenbarte sich die Ohnmacht vor dem Tod. Dem hemmungslosen Klagen und Weinen folgten Lobreden auf den Verstorbenen, danach ein Gebet: Möge seine Seele den Weg ins Paradies finden!

Die Sage von der Totenmesse wird ähnlich auch an anderen Orten erzählt: Es gibt Varianten vom Wiener Stephansdom, von St. Johannes Baptist in Dortmund, von der Südtiroler Pfarrkirche St. Peter in Auer und von der Lorenzkirche in Hof. Die Hofer Version soll die Lieblingssage des aus Oberfranken stammenden Dichters Jean Paul gewesen sein.

Ausflugstipp: Rundgang auf dem Johannisfriedhof

Wissen Sie, warum es den Friedhof um die Nürnberger Lorenzkirche herum nicht mehr gibt? Weil man glaubte, die Pest würde durch den »Pesthauch des Todes«, der aus den Gräbern dringe, übertragen. Deswegen verfügte die Stadt, die Friedhöfe um St. Lorenz und St. Sebald zu schließen. Ab 1520 waren Bestattungen innerhalb der Stadtmauern verboten, fortan mussten die Nürnberger ihre Toten auf dem Johannis- und dem Rochusfriedhof, die beide damals noch vor den Toren der

Geisterstunde in St. Lorenz

St. Johannis zählt zu den schönsten Friedhöfen Europas.

Stadt lagen, begraben. Und wissen Sie, wo man so was erfährt? Beim Rundgang auf dem Johannisfriedhof, den die Stadtführungs-Spezialisten vom Nürnberger Verein »Geschichte Für Alle« im Programm haben.

Weshalb der über 700 Jahre alte Friedhof zu den schönsten und bedeutendsten Begräbnisstätten Europas zählt, erschließt sich freilich auch ohne Führung: Die liegenden Grabsteine mit den Epitaphien, auf denen Künstler und Kaufleute, Bierbrauer und Bäcker ihr Tun verewigen ließen, bieten zu jeder Jahreszeit einen einzigartigen Anblick. Hier fanden alle Bürger, egal ob arm oder reich, ihre letzte Ruhestätte. Keiner sollte sich über seinen Nachbarn erheben, davon zeugen die in Normlänge von 1,67 Meter aufgereihten Grabmäler. Die Folge war, dass die reichen Patrizier ihr Geld in aufwendig gestaltete Epitaphien steckten. Auf diesen Grabtafeln gibt es viel zu entdecken. Wenn Sie jedoch erfahren wollen, was der Totenkopf mit dem Loch in der Schädeldecke und dem beweglichen Unterkiefer zu erzählen hätte, weshalb Albrecht Dürer gar nicht in seinem Grab liegt oder wer sich den amerikanischen Soldaten in den Weg stellte, die nach dem Krieg ein paar Souvenirs aus der Johanniskirche mitnehmen wollten – dann sollten Sie eine Führung mitmachen, es lohnt sich!

Gisela Lipsky

Anfahrt (Lorenzkirche)

ÖPNV: U1 bis »Lorenzkirche«, Bus 46 oder 47 bis »Heilig-Geist-Spital«.
Kfz: In Nürnberg Richtung Stadtmitte fahren. Parkhäuser befinden sich u. a. am Hauptmarkt (Augustinerstr. 4, Einfahrt über Schustergasse), am Hans-Sachs-Platz und in der Adlerstraße. Alle Parkhäuser sind ausgeschildert. Weitere Parkhäuser auf www.parkhaus-nuernberg.de

Anfahrt (Johannisfriedhof)

ÖPNV: Tram 6 oder Bus 34 »St. Johannisfriedhof«.
Kfz: In Nürnberg Richtung Johannis fahren, Parken in der Johannisstraße oder Lindengasse.

Informationen

Lorenzkirche, Lorenzer Platz, 90402 Nürnberg,
  Tel. 09 11/2 14 25 00 (Pfarramt), www.lorenzkirche.de,
  Mo–Sa 9.00–17.00 (in der Adventszeit bis 18.00),
  So 13.00–16.00 (in der Adventszeit bis 18.00),
  Gottesdienst So 10.00 und 11.30,
  Kerzenandacht Mo–Fr 17.00.
Johannisfriedhof, Johannisstr. 55, 90419 Nürnberg,
  Tel. 09 11/33 05 16 (Friedhofsverwaltung St. Johannis),
  www.st-johannisfriedhof-nuernberg.de, Apr–Sep 7.00–19.00,
  Okt–März 8.00–17.00, 6. Dez–6. Jan bis 16.00.
Johanniskirche, auf dem Johannisfriedhof, tägl. 8.00–17.00,
  im Sommer bis 19.00. Einen kleinen Führer erhalten Sie
  im Steinschreiberhaus neben der Kirche.
Informationen zur beschriebenen Führung über Geschichte
  Für Alle e. V., Wiesentalstr. 32, 90419 Nürnberg,
  Tel. 09 11/30 73 60, www.geschichte-fuer-alle.de,
  Führung 8,00 € (ermäßigt 7,00 €). Termine auf der Website
  unter »Stadtrundgänge« > »Themen« > »Friedhöfe«.

Essen und Trinken

Bier- und Weinstube im Barockhäusle, Johannisstr. 47,
  90419 Nürnberg, Tel. 09 11/39 93 10 oder 01 70/5 22 00 70,
  www.barock-haeusle.de, tägl. 18.00–1.00. Bei schönem
  Wetter Biergartenbetrieb am Eingang zu den Hesperidengärten (siehe Extras).

Extras

Hinter dem *Barockhäusle* eröffnet sich ein kleines Paradies: die nach historischem Vorbild wiederbelebten Hesperidengärten. Hier kann man zwischen gestutzten Hecken, Statuen, Springbrunnen und duftenden Kräutern auf Kieswegen lustwandeln. Eingang über Johannisstr. 47 oder Riesenschritt 26, 90419 Nürnberg, Apr–Okt tägl. 8.00–20.00, Informationen unter Tel. 09 11/45 75 32 (Bürgerverein St. Johannis).

Wie wär's mit einem denkmalgeschützten Grab auf dem Johannisfriedhof? Das kommt nicht teurer als auf anderen Friedhöfen. Doch Vorsicht: Als Eigentümer ist man verpflichtet, das Grabmal, wenn nötig, restaurieren zu lassen – und das kann ganz schön teuer werden!

Gut gezielt, Schütze! 5
Wallensteins Rückkehr

Mit dieser Wiederkehr hatte keiner der Altdorfer gerechnet. Gut drei Jahrzehnte waren vergangen, seit der ungehörigste Student, den die Stadt je hatte ertragen müssen, die Universität verlassen hatte. Nun war jener Wallenstein als Feldherr im Krieg zurückgekehrt und machte ihnen abermals das Leben schwer. Doch diesmal nicht mit harmlosen Streichen, sondern mit tödlichen Waffen.

Nun gab es einen wackeren Altdorfer Artilleristen, der war als ausgezeichneter Schütze bekannt. Sein größter Wunsch aber war, einmal eine Heldentat zu vollbringen, von der die Nachwelt noch sprechen sollte: Mit einem einzigen Kanonenschuss wollte er Wallenstein vom Felde fegen.

Viele Wochen lang lag unser tapferer Mann im Schützengraben und verfolgte durchs Fernrohr alles Geschehen im feindlichen Lager. Und tatsächlich: Eines Tages war das Glück ihm hold. Er sah, wie sich einige Offiziere zu Tisch setzten – unter ihnen der berühmte Feldherr! Seelenruhig riss der Soldat ein Stück Papier aus dem Meldebuch, schrieb darauf in dicken Lettern: »Für Wallensteins Kopf«, klebte die Botschaft mit etwas Lehm auf die 40-pfündige Kugel und schob sie ins Geschützrohr. Dann richtete er das Geschoss auf sein Ziel ein und zündete die Lunte. Was tat das für einen gewaltigen Schlag! Es war, als würden tausend Donner über das Land grollen. Kaum hatte sich der Pulverstaub ein wenig gesenkt, blickte der Konstabler durch sein Fernrohr. Doch wie groß war seine Enttäuschung. Zwar war drüben im Lager alles in heillosem Durcheinander, Tische, Stühle, Teller und Schüsseln waren geborsten, doch die Offiziere und ihr Anführer waren unversehrt. Für einen Moment war dem Soldaten, als könne er Wallensteins wütenden Blick direkt auf sich gerichtet sehen.

Es war noch nicht Abend geworden, da kam ihn ein Bote des Bürgermeisters holen und brachte ihn in die Ratsstube. Dort taten die hohen Herren ihm kund, Wallenstein habe ein Schreiben geschickt, er möchte jenen wackeren Schützen kennenlernen, der ihm heute fast die Suppe versalzen hätte. Im Morgengrauen wolle er ihn bei der Linde an der Lagerlinie treffen. »So will ich gehen«, sprach der Soldat. Doch der Rat hielt ihn zurück: »Wallenstein ist ein gerissener Hund. Vielleicht will er dich für deine Tat bestrafen, vielleicht aber auch für seine Dienste anwerben.«

In Altdorf – damals noch sehr überschaubar – trieb es Wallenstein so wild, dass alles aufatmete, als er wieder fort war.

»Ich in den Diensten des Friedländers?«, rief der Soldat. »Niemals! Aber ich weiß schon, wie ich seine wahren Absichten herausfinde.«

Kaum war die Sonne aufgegangen, machte sich der Schütze als Bäuerlein verkleidet auf den Weg. An der Linde wartete tatsächlich Wallenstein mit einem Offizier. »Herr«, sprach unser Held, »der Rat verlangt zur sicheren Rückkehr unseres Schützen einen Bürgen.« Da lachte Wallenstein und befahl seinem Offizier, mit dem Bauern zu gehen. Auf dem Weg in die Stadt erzählte der Offizier, wie sehr jener Soldat Wallenstein beeindruckt hatte. »Stell dir vor, die Kugel hat ihm den Löffel aus dem Mund geschlagen. Wir wären froh, einen solchen Artilleristen unter uns zu wissen.«

Als die beiden vor den Rat traten, bot sich der Offizier wie befohlen als Geisel an. »Ihr könnt Euch gleich wieder auf den Rückweg machen«, sagte da der Bürgermeister. »Dieser Bauer hier ist unser Schütze, und da ihn Euer Feldherr bereits gesehen hat, haben wir seinen Wunsch erfüllt.« Wie Wallenstein darauf reagiert hat, ist nicht überliefert. Wir können aber sicher sein, dass dieses eine Mal nicht er es war, der zuletzt lachte.

ᾧ Wallenstein in Altdorf ᾣ

Gab es Wallenstein in Altdorf? Ja, es gab ihn. Allerdings etwas anders, als die Sage es darstellt. Gesichert ist aber: Der berühmte Feldherr (1583–1634) studierte vom August 1599 bis Februar/März 1600 an der Akademie in Altdorf, die 1623 zur Universität erhoben wurde und in ganz Deutschland berühmt war. Allerdings machte sich der böhmische Junker weniger durch Fleiß als durch wilde Exzesse einen Namen. Gemeinsam mit seinem Famulus Wenceslaus Metrouski zettelte er eine Rauferei nach der anderen an, trank tüchtig, schlief wenig und ärgerte Professoren und die Ratsherren aus Nürnberg derart, dass alle erleichtert aufatmeten, als er verkündete, »er wolle sich freiwillig von hinnen begeben«. Wallenstein kam nie nach Altdorf zurück – auch nicht als Feldherr. Tatsächlich aber marschierten während des Dreißigjährigen Krieges die kaiserlichen Truppen zweimal in die Stadt ein – im November 1631 und im Februar 1632. Mit Rücksicht auf die Universität wurde Altdorf jedoch von Plünderung und Brand verschont.

Ausflugstipp: Zu den Rhätschluchten um Altdorf

An heißen Sommertagen hatten die Altdorfer Studenten von jeher ein ganz besonderes Ziel: die Rhätschluchten im Schwarzachtal. Folgen wir ihnen also auf dem neuen Wallenstein-Rundwanderweg des Deutschen Alpenvereins (Gehzeit ca. 2 1/2–3 Std). Vom Rathaus am Marktplatz aus geht es der Markierung (Wallenstein auf gelbem Hintergrund) nach, am Wohnhaus von Wallenstein vorbei und zur Universität und dem Wallensteinbrunnen. Nach dem Stadttor führt der Weg weiter zum Parkplatz »Rentamtsgarten«, an dessen Ende rechts ein

Das Innere der Universität Altdorf, auch »Aldorfina« genannt, ist leider nicht öffentlich zugänglich.

Fußweg abzweigt. Links weiter in südlicher Richtung den Mühlweg entlang. Über die Südtangente und durch die Autobahnunterführung, dann nach 200 Metern links abbiegen, vorbei an Wochenendgrundstücken, bis es rechts Richtung Löwengrube abgeht. Mit den dort gewonnenen Sandsteinen wurde einst das Universitätsgebäude erbaut. Als der Steinbruch 1686 aufgegeben wurde, erkoren ihn Studenten zum Festplatz. Später gab es hier sogar eine Kegelbahn mit Bierkellern.

Beim Verlassen der Grube erreichen Sie im Wald den Auerskeller, ein schönes Fachwerkgebäude vor dem Eingang eines Felsenkellers, den die *Brauerei Auer* früher zur Lagerung ihres Biers nutzte. Von hier aus führt die Straße abwärts bis zur Prethalmühle und im weiteren Verlauf bis zur Schwarzach. Folgen Sie dem Fluss rund 1 1/2 Kilometer bis zu einer Weggabelung. Rechts geht es auf kurzem, aber steilem Weg hoch zur Burg Grünsberg, links kommt man auf einer etwas längeren, aber weniger anstrengenden Strecke ans selbe Ziel. Von der Burg auf der Straße entlang bergab, links vorbei an der Wandertafel und auf Höhe der Bushaltestelle rechts durch das Neubaugebiet bis zum Waldrand. Hier sieht man schon gleich die atemberaubenden Felsformationen der Teufelsschlucht. Bitte verlassen Sie den Weg nicht, der Schluchtrand ist nicht sicher! Am Ende der Schlucht geht es rechts hinab zur »Teufelskirche«, einem äußerst imposanten Naturdenkmal in fast mystischer Atmosphäre. Nach dem Abstecher führt der Weg weiter über einen Bach, dann links und wenig später rechts bergauf. Zurück nach Altdorf geht es dann linkerhand über die Prackenfelser Straße und die Südtangente, den Feuer- und Mühlweg, vorbei am Rossweiher bis zum Oberen Turm.

Gaby Ullmann

INFO

Anfahrt
ÖPNV: Mit der Bahn (S 2) von Nürnberg Hauptbahnhof bis Altdorf (Fahrtzeit ca. 30 Min).
Kfz: Auf der A 6 bis Ausfahrt Altdorf/Leinburg oder A 3 bis Ausfahrt Altdorf/Burgthann. Parkmöglichkeiten im Altstadtbereich innerhalb markierter Flächen. Bitte folgen Sie dem Parkleitsystem.

Informationen
Fremdenverkehrsamt, im Kultur-Rathaus, Oberer Markt 2, 90518 Altdorf, Tel. 0 91 87/8 07 12 40, www.altdorf.de
Deutscher Alpenverein Sektion Altdorf, Hagenhausener Str. 3, 90518 Altdorf, Tel. 0 91 87/95 93 63. Informationen zum Wallenstein-Rundweg auf www.dav-altdorf.de (unter »Sektion« > »Rundwanderwege«).

Besonderheit
Bei den Wallenstein-Festspielen schlüpft alle drei Jahre halb Altdorf in historische Kostüme (nächste Termine 2015 und 2018, immer Jun–Jul). Im Mittelpunkt steht das Volksschauspiel um Wallensteins wilde Studentenjahre, außerdem wird Schillers *Wallenstein* gespielt. Kartenreservierung über den Festspielverein unter Tel. 0 91 87/90 90 99 oder auf www.wallenstein-festspiele.de

Essen und Trinken
Zwei Häuser neben Wallensteins ehemaligem Wohnhaus am Oberen Markt steht die *Alte Nagelschmiede*, wo in uriger Atmosphäre gute fränkische Küche geboten wird.
Alte Nagelschmiede, Oberer Markt 13, 90518 Altdorf, Tel. 0 91 87/9 52 70, www.alte-nagelschmiede.com, Mo–Sa 11.30–14.00 und 17.30–21.00.

Extra
Hochangesehene Philosophen, fröhliches Studentenleben, kostbare Fossilien und seltene Pflanzen: Im Universitätsmuseum (mit angeschlossenem »Doktorsgärtlein«) finden Sie all das unter einem Dach. Neubaugasse 5, Kontakt über das Kultur-Rathaus (s. o.), Sa–So 14.00–17.00 oder nach Vereinbarung. Eintritt 2,00 € (ermäßigt 1,00 €).

Feuriger Atem   6
Der Drache von Hilpoltstein

Ritter Hilpolt von Stein war ein ehrwürdiger und großherziger Mann, der nie mehr von seinen Untertanen nahm, als ihm zustand. Im Gegenteil, wenn es ihm zu Ohren kam, dass eine Familie in Not geraten war, so erließ er ihr das ihm zustehende Zehnt, bis sich die Leute wieder erholt hatten. Und so verwundert es kaum, dass alle gut von ihm dachten und ihn mit großer Zuneigung in ihr abendliches Gebet einschlossen.

Nun hatte Ritter von Stein aber einen Vogt, der war böse und habgierig und betrog seinen Herren, wo er nur konnte. Vor allem war der Vogt ein leidenschaftlicher Jäger. Wann immer er einen schönen Hirsch geschossen hatte, verkaufte er das Wild unter der Hand, steckte das Geld in seinen eigenen Beutel und erzählte dem Ritter zerknirscht, ihm wäre das Jagdglück nicht hold gewesen. Auch sonst tat er ihm gegenüber stets freundlich, sodass Hilpolt von Stein von seinem wahren Charakter nichts ahnte.

So ging das über viele Jahre hinweg, bis der Ritter eines Tages in den Heiligen Krieg ziehen musste. In vollstem Vertrauen legte er das Schicksal seiner Burg und seiner Untertanen in die Hand des Vogts – und damit begann eine schreckliche Zeit für die Bürger. Der Vogt nämlich verlangte mehr und mehr Abgaben von ihnen, und konnte einer nicht gleich zahlen, wurde er in den Kerker geworfen, wenn es ihn nicht gar den Kopf kostete.

Da der Vogt aber weiterhin seiner Jagdlust frönte und oft tagelang abwesend war, fürchtete er, die erzürnten Bürger könnten über die Burg herfallen. Deshalb stellte er sich um Mitternacht auf eine vom Vollmond beschienene Waldlichtung, drehte sich dreimal im Kreis und rief den Teufel an. Prompt erschien der Leibhaftige und fragte den Vogt nach seinem Begehr. »Ich brauche jemanden, der meine Burg beschützt, wenn ich auf der Jagd bin«, sprach der Vogt. »Gut«, antwortete der Teufel, »ich will sie sieben Jahre lang schützen lassen, wenn du mir deine Seele dafür versprichst.« Der Vogt willigte sofort ein, denn er war schon so oft mit dem Bösen im Bunde gewesen, dass er sich darüber nicht den Kopf zerbrach. Außerdem, so dachte er, würde ihm beizeiten schon etwas einfallen, um den Teufel zu überlisten.

Als der Vogt zur Burg zurückkehrte, lag da tatsächlich ein furchterregender Drache im Graben, und wenn ihm jemand zu nahe kam – ausgenommen der Vogt und seine Spießgesellen –, so spie er bläulich-gelbes Feuer. Schon bald traute sich niemand mehr in die Nähe

Der Drache von Hilpoltstein

Wohl einer der berühmtesten Drachentöter war der heilige Georg.

der Burg und Angst legte sich wie ein bleierner Mantel über das Land. Der Vogt aber lebte in Saus und Braus und vergaß darüber gänzlich seinen Pakt mit dem Teufel.

So waren die sieben Jahre vergangen, und die Hilpoltsteiner hatten schon keine Hoffnung mehr, dass sich an ihrem Leid je etwas ändern würde. Da kam just an dem Tag, an dem die Frist des Vogts ablaufen sollte, ein Mann in zerschlissenem Gewand ins Städtchen. So heruntergekommen er auch aussah, erkannten ihn die Bürger doch gleich als ihren früheren Herren. Hilpolt von Stein war von den Kreuzzügen zurückgekehrt! Als er hörte, was in seiner Abwesenheit geschehen war, ließ er sich trotz seiner Erschöpfung das beste Pferd geben, stieg auf und preschte mit gezücktem Schwert auf seine Burg zu, um den Vogt für seine Verbrechen zu strafen. Kaum aber war der Ritter am Burggraben angekommen, bäumte sich riesengroß der Drache vor ihm auf und schleuderte ihm lodernde Flammen entgegen. Wie durch ein Wunder blieb Hilpolt von Stein jedoch von dem Feuerodem verschont und stieß dem Drachen sein Schwert direkt ins Herz. Dann stürmte er in den Burghof, wo sich der Vogt gerade für die Jagd rüstete. Doch ehe Hilpolt von Stein ihn sein Schwert spüren lassen konnte, sprang plötzlich der Teufel über die Zinnen, schrie: »Dieser da gehört mir!«, packte den Vogt und verschwand mit ihm in der Erde. Hilpolt von Stein aber zog wieder in seine Burg ein und herrschte gütig bis an sein Ende.

❧ Drachen und Drachentöter ☙

Zweifeln Sie womöglich daran, dass es jemals Drachen gab? Sind es »nicht in der Wirklichkeit vorhandene, fabelhafte Thiere«, wie die Brüder Grimm erklärten? Wie dem auch sei, lebendig sind sie trotzdem, in zahllosen Märchen aus aller Welt, in Filmen, Gemälden und Computerspielen, und genau das macht sie tatsächlich unsterblich. Manchmal dürfen die Drachen gut sein, beschützend und weise. Meist aber sind sie eine Allegorie des Bösen, verschlingen, was ihnen in den Weg kommt (vorzugsweise aber holde Jungfrauen), versengen ganze Landstriche mit ihrem Feueratem und sind schier unbesiegbar, bis ein echter Held des Weges kommt, ein Kerl wie der legendäre Ritter Georgius, der die Tochter des Königs von Silena vor einem fürchterlichen Drachen rettete. Mit Gottes Hilfe und einem einzigen Lanzenwurf, versteht sich. Den Todesstoß versetzte der heilige Georg dem Untier aber erst, als König und Bürger versprachen, sich taufen zu lassen.

Wahr oder nicht: Sicher ist, dass Georg zu den beliebtesten Heiligen zählt. Unzählige Kirchen, Denkmäler, Fahnen, Wappen und Wirtshausschilder zeigen ihn in heroischer Pose als Drachentöter. Dabei gibt es noch gut 30 weitere Heilige, darüber hinaus zahllose Ritter und Könige, die sich mit Drachen herumschlugen. Zu solcher Berühmtheit wie Georgius ist aber keiner mehr gekommen – außer vielleicht der Nibelungenheld Siegfried, aber das ist wieder eine andere Geschichte.

Markantes Wahrzeichen: die Burgruine von Hilpoltstein

Ausflugstipp: Besuch auf Hilpolts Burg

Die Burg von Hilpoltstein ist heute eine Ruine und der Burggraben, in dem der Drache gehaust haben soll, kaum mehr zu erkennen. Nichtsdestotrotz ist der Besuch ein spannendes Erlebnis. Wie Ausgrabungen belegen, war der Burgfelsen bereits im 10. Jahrhundert befestigt – die älteste steinerne Burg entstand rund hundert Jahre später. Besitzer waren die Herren von Stein. Nach ihrem Aussterben wurde Hilpoltstein ein wichtiger Stützpunkt der Herzöge von Bayern. Zuletzt lebte die verwitwete Pfalzgräfin Maria-Dorothea auf der Burg. Nach ihrem Tod verlagerte sich das Leben in die Stadtresidenz, und man beutete die verlassene Burg als Steinbruch aus. Erst 1879, als die Stadt die Anlage kaufte, wurde der Verfall gestoppt.

Bis zum Frühling 2016 ist die Burg wegen Sanierungsarbeiten nur auf Anfrage zu besichtigen. Der mittelalterliche Zugang auf den Burgfelsen führte einst durch einen Felsengang in die Eingangshalle, von dort ging es über eine Zugtreppe in den oberen Burghof. Heute gelangt man über eine Kalksteintreppe in den Burghof. Von hier führen 96 Stufen hinauf in den Bergfried. Wer durch die eiserne Falltüre ins Freie tritt, hat einen herrlichen Blick über Hilpoltstein und das gesamte Umland. Früher einmal war dieser Beobachtungssitz und letzter Zufluchtsort bei feindlichen Angriffen nur über eine Holzleiter zu erreichen, mit der man zur Tür im oberen Drittel des Turmes gelangte. Unten im Bergfried befand sich das Burgverlies. Zwischen den gewaltigen, mit Moos bewachsenen Sandsteinmauern der Ruine lässt sich aber noch mehr entdecken: der ehemals vierstöckige Palas, die acht Meter tiefe Zisterne und die Badestube, die Markgräfin Maria-Dorothea einst anstelle des Backofens errichten ließ.

Gaby Ullmann

Anfahrt
ÖPNV: Mit der Bahn (R 61) von Roth bis Hilpoltstein. Auf der Bahnhofstraße Richtung Altstadtring. Diesen queren und am linken Ufer des Gänsbachs entlang durch die Grünanlage. Rechts in den Parkweg einbiegen. Links über den Döderleinsweg in die Altstadt. Die Marktstraße hinauf und rechts über Kirchenstraße und Maria-Dorothea-Straße zum »Haus des Gastes« und der Burg.

Kfz: Auf der A 9 bis Ausfahrt Hilpoltstein, dann einfach der Beschilderung folgen. Parkmöglichkeiten am »Haus des Gastes« unterhalb der Burg.

Informationen
Tourist-Information Hilpoltstein, in der Residenz, Kirchenstr. 1, 91161 Hilpoltstein, Tel. 0 91 74/97 85 05, www.hilpoltstein.de

Das Innere der Burg ist aufgrund von Sanierungsmaßnahmen voraussichtlich erst wieder ab Frühjahr 2016 zu besichtigen. Der Außenbereich ist ganzjährig frei zugänglich. Auskunft zur Möglichkeit von Sonderführungen über das Amt für Kultur und Tourismus (Marktstr. 1, Kontakt über die Tourist-Information).

Besonderheit
Alljährliches Burgfest am Wochenende rund um den ersten So im Aug. Informationen auf www.burgfest-hilpoltstein.de oder www.hilpoltstein.de/burgfest

Essen und Trinken
Gepflegt fränkisch essen können Sie in den historischen Altstadthotels von Hilpoltstein:

Brauereigasthof Zum Schwarzen Ross, Marktstr. 10, 91161 Hilpoltstein, Mo–Di und Fr–So 11.00–14.30 und 17.00–24.00. Warme Küche 11.30–14.00 und 17.30–21.30.

Gasthof-Hotel Zur Post, Marktstr. 8, 91161 Hilpoltstein, Mi–Sa 11.00–14.00 und 17.00–23.00 (warme Küche bis 21.30), So 11.00–14.00.
Beide Restaurants sind unter Tel. 0 91 74/97 69 80 erreichbar. Weitere Informationen auf www.hotel-post-hip.de

Extras
Im Rückgebäude des *Schwarzen Ross* ist auch ein kleines Museum untergebracht, das sich mit der 1 000-jährigen Stadtgeschichte, altem Handwerk und historischer Braukunst beschäftigt, Tel. 0 91 74/97 85 07, Mai–Okt Di–So und Fei 13.00–17.00, Nov–Apr So und Fei 13.30–16.30. Eintritt 2,00 € (Kinder bis 14 Jahre frei).
Mitte/Ende Sep sind am Main-Donau-Kanal bei Heuberg nördlich von Hilpoltstein tatsächlich die Drachen los, dann nämlich steigt das Drachenfest, bei dem Hunderte kunterbunte Flugobjekte in den Herbsthimmel steigen.

Lektüre
Ditte und Giovanni Bandini: *Das Drachenbuch*, München 2002.

Jagdfieber
Der Legionär und das Mädchen von Weißenburg

7

Nein, mit den Germanen war nicht zu spaßen! An den Lagerfeuern erzählten sich die römischen Legionäre Geschichten von ihrer Wildheit, und ganz geheuer war es ihnen nie, wenn sie durch die tiefen Wälder um das Weißenburger Kastell patrouillierten – wie leicht konnte man in einen Hinterhalt geraten! Dennoch machte sich der Stoßtrupp, der auskundschaften sollte, wohin sich die Feinde zurückgezogen hatten, ohne zu zögern auf den Weg. »Ihr seid Römer«, schärfte der junge Anführer seinen Leuten ein, »was haben euch diese Barbaren schon entgegenzusetzen?«

Als Ziel hatte er eine Anhöhe gewählt, die ihnen freie Sicht bot. Nach allen Seiten dehnten sich ungeheure Wälder aus, nur wenige Lichtungen unterbrachen das dichte Geäst der Baumkronen. Der Anführer kniff die Augen zusammen. Tatsächlich, am Rande der nächstgelegenen Lichtung lagerten Germanen! »Die holen wir uns«, rief er. Rasch bahnten sich die Legionäre einen Weg durch das Dickicht und schlichen sich an den Lagerplatz heran – doch zu spät, der Platz war verlassen. Waren die Feinde zufällig weitergezogen, oder hatten ihre Späher die Römer bemerkt? Gleichviel, sie waren im Dunkel des Waldes verschwunden.

Während der junge Anführer überlegte, ob er es wagen sollte, die Verfolgung aufzunehmen, hörte er Blätter rascheln. Ohne nachzudenken setzte er dem Geräusch nach, zog, tausendmal geübt, sein Schwert, stach zu – und sah erst jetzt, dass er einen wehrlosen Greis getötet hatte, der wohl aus Schwäche zurückgeblieben war. Da raschelte es wieder im Gebüsch, der Alte war nicht allein gewesen. Etwas Helles schimmerte durch die Blätter, langes blondes Haar, ein Mädchen sprang in wilder Flucht davon. Wie ein Jagdhund hetzte der junge Römer hinterher, eine wilde Germanin, das war lohnende Beute! Immer kleiner wurde der Vorsprung des Mädchens, sie stolperte, fing sich wieder, wirbelte herum und holte mit ihrem kurzen Speer zum Wurf aus, doch der Römer war schneller und stieß ihr sein Schwert in die Brust. Ohne einen Laut sank das Mädchen zusammen. Bestürzt kniete der Römer neben ihr nieder. Er hatte sie haben, nicht töten wollen. So gut es ging, begrub er sie mit seinen Händen, dann machte er sich auf den Rückweg. Doch in der Hitze der Verfolgung hatte er nicht auf die Richtung geachtet und fand den Weg nicht mehr. Erschöpft irrte er durch den finsteren Wald, bildete sich in seiner Verzweiflung ein, die Bäume wollten ihm zur Strafe für seine Tat den Weg versperren. Brennender Durst quälte ihn und zahllose kleine Wunden, die er sich bei der wilden Hatz durchs Gestrüpp gerissen hatte. Endlich stieß er auf eine Quelle, löschte seinen Durst und kühlte seine Wunden. Dann ging er dem Lauf des Bächleins nach ins Tal, wo er auf seine Soldaten traf, und kehrte mit ihnen ins Kastell zurück.

Dort meldete er den Vorfall und beschrieb die gute Fernsicht auf der Anhöhe. Die Römer bauten diesen Platz zu einem Stützpunkt aus und fassten die Quelle zu einem Brunnen, der heute noch Römerbrunnen heißt. Die römischen Wachen in dem Lager auf der Anhöhe aber sahen des Nachts oft eine helle Gestalt, die ruhelos durch die Dunkelheit irrte – der Geist des germanischen Mädchens, das seinen toten Vater suchte.

ᚼ Alarm am Limes ᚽ

Vor nicht ganz 2 000 Jahren waren die Römer weit in germanisches Gebiet eingedrungen, hatten zum Schutz vor den Barbaren einen 550 Kilometer langen Grenzwall, den Obergermanisch-Raetischen Limes, und im Hinterland befestigte Heerlager errichtet. Das größte Kastell befand sich bei Aalen, die zweitgrößte Anlage stand im heutigen Weißenburg, damals »Biriciana«. Ab dem Jahr 90 n. Chr. war hier eine 500 Mann starke Reitereinheit stationiert. Als die Alemannen im 3. Jahrhundert immer häufiger über den Limes vordrangen, bekamen es die Menschen im Grenzgebiet mit der Angst zu tun. In der Hoffnung auf bessere Zeiten vergruben sie ihre Schätze im Boden, doch 259/260 n. Chr. wurde der Grenzwall endgültig überrannt. Auch das Weißenburger Kastell dürfte in diesem Jahr zerstört worden sein. Schließlich gaben die Römer den Limes auf und verlegten die Reichsgrenze an die Donau zurück.

ᚼ Der Schatz im Spargelbeet ᚽ

Gut 1 700 Jahre später, im Herbst 1979, stieß ein Weißenburger Hobbygärtner, der ein Spargelbeet anlegen wollte, in kaum 40 Zentimeter Tiefe auf Widerstand: Nach und nach förderte er Handwerks- und Küchengerät, schließlich

Der Legionär und das Mädchen von Weißenburg

Münzen, Schmuck und kunstvolle Statuen zutage. Was der Finder zunächst für Schrott gehalten hatte, entpuppte sich als Sensation – der Weißenburger Römerschatz gilt als bedeutendster Fund seiner Art nördlich der Alpen. Seit 1983 ist der für 1,8 Millionen Mark angekaufte Schatz im dafür eingerichteten Römermuseum zu sehen.

Ausflugstipp: Besuch im römischen Weißenburg

Beim Ausflug in Weißenburgs Römerzeit liegt es nahe, den Besuch des Museums mit einem Abstecher zu den Thermen zu verbinden, die mit einem knapp viertelstündigen Fußweg zu erreichen sind. Im Museum, das auch weitere Funde aus der Region zeigt, wird schnell ersichtlich, was den Schatz aus dem Spargelbeet so einzigartig macht: sowohl die Fülle der Fundstücke als auch ihr künstlerischer Wert, der vermuten lässt, dass es sich um das Inventar eines Heiligtums handelte. Insgesamt sind es rund 120 Stücke, darunter fein ziselierte Götterstatuetten, silberne Votivtafeln, reich verzierte Bronzegefäße, prachtvolle Paradehelme sowie seltene Gebrauchsgegenstände wie eine Waage oder ein Klappstuhl. Darüber hinaus gibt es Infos über den Limes, die Kastelle und die Gutshöfe im Hinterland.

Luftaufnahme der Überreste des Weißenburger Kastells »Biriciana« heute

Die römischen Thermen verfügten über eine ausgeklügelte Fußbodenheizung.

Der Weg zu den Thermen führt über das ganzjährig begehbare ehemalige Kastell Biriciana, dessen Grundmauern mit dem rekonstruierten Nordtor einen Eindruck von den Dimensionen des Weißenburger Heerlagers vermitteln. Die jüngsten Forschungen lassen vermuten, dass das Tor sogar noch ein Stockwerk höher war als die Rekonstruktion.

Ganz in der Nähe stieß man 1977 bei den Bauarbeiten für eine Reihenhauszeile auf die Reste der Thermen. Bei den Ausgrabungen wurden auch Schmuck, Spielsteine und Münzen geborgen. Neueste Grabungen ergaben, dass die Anlage dicht bebaut war und sich inmitten eines blühenden Lagerdorfes befand. Das 2012 eröffnete neue Empfangsgebäude zu den Thermen fungiert als Zeitschleuse: Luftbilder, große Grafiken und ein 3-D-Film mit virtuellen Rekonstruktionen und Animationen entführen die Besucher in die römische Vergangenheit und lassen den Alltag vor 2 000 Jahren am Rande des Imperiums lebendig werden. Anschließend kann man auf Stegen über die Überreste des antiken Erlebnisbades schlendern. Und über den Luxus staunen, den die alten Römer genossen: Umkleide- und Ruheräume, Schwitzbad, Gymnastikhof, die Becken, in denen die Badegäste nach römischer Sitte durchs knietiefe Nass wateten und sich mit warmen und kalten Güssen erfrischten, und, für Germanien ein absolutes Novum, ein ausgeklügeltes Heizsystem.

Gisela Lipsky

INFO

Anfahrt
ÖPNV: Mit dem Zug (R 6) zum Weißenburger Bahnhof.
  Von hier sind es 10 Gehminuten zum Museum.
Kfz: Auf der B 2 (von Norden/Süden) bzw. B 13 (von Osten/
  Westen) nach Weißenburg, Ausfahrt Stadtmitte. Kostenlos
  parken kann man im Parkhaus »Doerflervilla«, gegenüber
  liegt der Martin-Luther-Platz.

Informationen
Tourist-Information Weißenburg, Martin-Luther-Platz 3, 91781
Weißenburg, Tel. 0 91 41/90 71 24, www.weissenburg.de
(Informationen zu Thermen und Museum unter »Urlaub« >
»Sehenswürdigkeiten« > »Museen«).
Römische Thermen, Am Römerbad 17a, 91781 Weißenburg,
Tel. 0 91 41/90 71 27, Apr–Mai tägl. 10.00–17.00,
Jun–Sep tägl. 10.00–18.00, Okt–Ende bayer. Herbstferien
tägl. 10.00–17.00. Eintritt 4,00 € (ermäßigt 2,50 € /
Familien 8,00 €).
Das Römermuseum mit Bayerischem Limes-Informations-
zentrum (im selben Haus wie die Tourist-Information) ist
wegen Sanierung und Neugestaltung bis voraussichtlich
Frühjahr 2016 geschlossen. Kleiner Trost bis dahin: Im Ein-
gangsgebäude der Thermen sind 3-D-Scans und Detailauf-
nahmen von Funden aus dem Römerschatz zu sehen.

Besonderheit
Auch bei Regen, Schnee und Hagel machbar.

Essen und Trinken
Ein paar Schritte vom Museum entfernt bieten die *Andreas-Stuben* feine fränkische Küche, Kaffee und Kuchen, bei schönem Wetter im Freien: Rosenstr. 18, 91781 Weißenburg, Tel. 0 91 41/8 73 79 19, www.andreas-stuben.de, Mo und Mi–So 10.00–14.00 und ab 17.00. Warme Küche bis 22.00.

Extras
Der »Römerbrunnen« aus der Legende hat sich zum beliebten Ausflugsziel entwickelt – nur 1 km vom Wanderparkplatz Ludwigshöhe (beim Bergwaldtheater in der Holzgasse) entfernt. Am Parkplatz Ludwigshöhe startet auch ein 4,2 km langer Walderlebnispfad mit 12 Stationen, u. a. Barfußpfad, Waldxylophon und stille Weiher, der rund um den Römerbrunnen führt.
Am »Römerbrunnen« befindet sich auch ein Grillplatz mit Unterstellhütte, Informationen dazu unter Tel. 0 91 41/90 71 90 oder auf www.weissenburg.de (unter »Urlaub« > »Freizeit« > »Wandern« > »Erlebniswege und Naturlehrpfade«).

Lektüre
Robert Frank, Daniel Krüger: *Ein römisches Kastell in Deutschland. Virtueller Rundgang durch das antike Weißenburg*, Darmstadt 2003. Aufwendig gestaltete, interaktive CD-ROM, die einen Rundgang durch die römischen Anlagen und Gebäude ermöglicht und sehr viele Details zeigt. Mit einem Filmbeitrag, Texten, Bildern, Karten, Luft- und Panoramaaufnahmen. Sehr informativ!

Der goldene Schlüssel 8
Das letzte Schurkenstück des Ritters von Absberg

Wieder einmal feierte Ritter Kunz von Absberg, nachdem er von einem Raubzug zurückgekehrt war, eines seiner berüchtigten Gelage. Die Tische bogen sich unter Bergen von Gebratenem und Gesottenem, Wein und Bier flossen in Strömen, die Kumpanen grölten verwegene Lieder, tanzten dazu auf den Bänken und griffen den Weibern wollüstig unter die Röcke. Am ärgsten aber trieb es der Ritter selbst. Es war schon weit nach Mitternacht, da sprang er mit einem Male auf und rief: »Ich, Ritter von Absberg, kann haben, was immer ich begehre. Und sollt ich es aus der Hölle holen müssen!« Unter den Kumpanen hörte man nur zustimmendes Grunzen. Doch da trat der Hofnarr hervor und sprach: »Herr, ich kenne etwas, das Ihr niemals bekommt.«

»So, meinst du«, höhnte der Absberger. »Sag mir nur, was es ist, und ich werd dir das Gegenteil beweisen.« Der Hofnarr trat von einem Bein aufs andere. »Es ist eine Frau«, erwiderte er, »Armgart, die Tochter des Heinz von Möhren.« – »Ein Weib?«, lachte da Ritter Kunz. »Wenn's weiter nichts ist!« Doch der Hofnarr beharrte auf seiner Ansicht. Die schöne Armgart habe bislang noch jeden Freier abgewiesen und wolle sich nur an den verschenken, dem es gelänge, einen goldenen Schlüssel aus ihrer Kemenate zu holen. »Und Ihr wisst, Herr«, fuhr der Narr fort, »dass die Burg der Möhrener uneinnehmbar ist. Da könnt Ihr mit Gewalt nichts ausrichten.«

Der Ritter aber hatte schon eine List erdacht. Gleich am nächsten Morgen schickte er zwei seiner Vertrauten zur Burg der Möhrener. Sie sollten Armgarts Zofe einen Sack Gold bieten, damit sie ihrer Herrin Schlafmittel in den abendlichen Trank fülle und dem Ritter Einlass in die Burg gewähre. Angesichts solch unerhörter Reichtümer zögerte die Zofe nicht lange und versprach zu tun, was man ihr sagte. Am nächsten Abend, als der Mond senkrecht über dem Burgturm stand, öffnete sie Ritter Kunz das Tor, geleitete ihn in die Kemenate und zeigte ihm gar die mit Edelsteinen besetzte Schatulle, in der sich der goldene Schlüssel befand.

Als der Ritter lauthals über seine Trophäe lachte, schreckte Armgart aus ihrem tiefen Schlaf auf. »Hier, meine Holde, habe ich den Schlüssel zu Eurem Herzen«, triumphierte der Absberger. »Ab heute seid Ihr mein.«

Das letzte Schurkenstück des Ritters von Absberg

Nachkolorierter Holzschnitt der brennenden Burg Absberg (Hans Wandereisen, 1523)

Die Armgart, erzürnt über den Verrat und außer sich über die Dreistigkeit des Ritters, aber schrie: »Nie werde ich Euch gehören!« Dann ergriff sie einen Dolch und stach sich damit mitten ins Herz. Ritter Kunz, der sich schon im Besitz des Fräuleins geglaubt hatte, war außer sich über den misslungenen Plan, schwor dem ganzen weiblichen Geschlecht ewige Rache und trieb es in den nächsten Wochen wilder als zuvor.

Eines Morgens aber trat ein Knappe mit bleicher Miene auf den Ritter zu. Ein Fräulein, so flüsterte er, geistere nächtens durch die Burg. Sie habe die Gestalt von Jungfer Armgart, halte in der rechten Hand einen goldenen Schlüssel und in der linken einen blutigen Dolch. »Ha!«, rief Ritter Kunz ganz verwegen. »Will mich die Dirne noch nach ihrem Tod verfolgen? Soll sie doch heut Abend mit mir speisen!« Damit schwang er sich auf sein Ross und ritt zum Jagen in den Wald.

Als er aber zurückkam, stand ihm ein großer, schwarzer Hund im Weg, der ihm trotz aller Anstrengung den Eingang in die Burg verwehrte. So sah Kunz sich gezwungen, vom Pferd zu steigen, um durch eine kleine Pforte in die Burg zu gelangen. Voll Schrecken sah er, dass im Speisesaal für zwei gedeckt war. Eine sehr vornehme Dame, sagte sein Diener, habe sich zum Abendessen anmelden lassen, aber erst nach Mitternacht werde sie erscheinen. Kunz ahnte nichts Gutes; ganz bestürzt verlangte er – zum ersten Mal in seinem Leben – den Priester Hugobert aus Heideck zu holen, von dem es hieß, er könne Geister bannen.

Kaum war der Gottesmann gekommen, da schlug es auch schon zwölf, und vor dem Burgtor hielt ein goldener Wagen, aus dem eine reich geschmückte Dame stieg. Kunz zitterte am ganzen Leib, Hugobert aber beschwor das Fräulein im Namen Gottes. Und sogleich fiel ihr Schmuck zu Boden, wurde zu lauter glühenden Kohlen, die Gestalt verschwand als leeres Gerippe unter Ächzen und Stöhnen und ließ nichts zurück als einen goldenen Schlüssel und einen Dolch, auf dem mit Blut geschrieben der Name Armgart stand. Von dieser Stunde an ging Kunz ins Kloster und lebte dort unter steten Bußübungen bis ans Ende seiner Tage.

⁂ Eine gar schröckliche Familie ⁂

Die Sage des Kunz von Absberg trägt die Erinnerung ans raue Naturell der Absberger Burgherren weiter, von dem auch historische Überlieferungen zeugen. Obwohl die Ritter als Gerichts- und Landesherren viele Privilegien besaßen – darunter das Recht, auf dem Schönbühl (unterhalb von Absberg) die Todesstrafe zu vollstrecken, die Flurbezeichnung heißt heute noch »im Galgen« – brachten es einige von ihnen als Raubritter zu fragwürdigem Ruhm. Besonders wüst trieb es Hans Thomas von Absberg. Drei dicke Foliobände in der Kriegsstube des Nürnberger Rathauses können kaum all seine Schandtaten fassen. Der Raubritter begnügte sich nicht mit Überfällen, er hackte seinen Opfern auch noch die rechte Hand ab. Besonderes Vergnügen bereitete es ihm, Geistliche zu überfallen und ihnen die Hoden abschneiden zu lassen. Im Jahr 1523 ging der Schwäbische Bund schließlich entschlossen gegen den Absberger vor: Drei seiner Spießgesellen wurden ergriffen und in Heideck aufgehängt. Er selbst wurde von einem Vertrauten 1531 während eines Zechgelages ermordet. Die Burg des Absbergers und 20 weitere Burgen, die mit dem Raubritter verbündet waren, wurden in Schutt und Asche gelegt.

Ausflugstipp: Von Absberg an den Strand

Wie Sie gelesen haben, existiert die Burg der Absberger seit Langem nicht mehr. Die wenigen Reste am Berghang des katholischen Pfarrhofs sind kaum mehr zu erkennen. Doch von den Adelsherren selbst sind durchaus noch Spuren zu finden: in der kleinen evangelisch-lutherischen Christuskirche am Marktplatz. Hier können Sie die Grabmäler einiger Ritter besuchen. Das Epitaph des letzten Absbergers Hans Veit

Der Deutsche Orden machte aus der Adelsburg Absberg das größte Barockschloss im Landkreis nach Ellingen.

zeigt das gestürzte Familienwappen. Besonders künstlerisch gestaltet ist das Grabdenkmal des Hans Christoph von Absberg († 1562), das den Ritter kniend vor dem Gekreuzigten zeigt und im Hintergrund die Stadt Jerusalem. Ebenfalls am Marktplatz steht – unübersehbar – das Deutschordensschloss, das 1723/24 entstand, heute ein Pflegeheim ist und deshalb nicht besichtigt werden kann. Lassen Sie also für dieses Mal die Geschichte ruhen und springen Sie hinein in die pulsierende Gegenwart.

Seit das Städtchen hoch über dem in den 1970er-Jahren entstandenen Kleinen Brombachsee thront, hat es sich gewaltig herausgeputzt und gilt als einer der schönsten Orte im Fränkischen Seenland. Noch dazu bietet es von A wie Angeln bis Z wie Zelten jede Menge Freizeitaktivitäten. Im Zentrum des Geschehens liegt natürlich der See selbst – in den Sommermonaten herrschen an den weitläufigen Sandstränden der Badehalbinsel Absberg fast schon adriatische Verhältnisse. Sie können schwimmen, segeln oder surfen, den See auf dem Pferderücken, dem Fahrrad oder den Inlineskates umrunden oder einfach zu Fuß die schöne Landschaft erkunden. Langweilig wird es Ihnen ganz bestimmt nicht werden. Und Raubritter springen auch nicht mehr aus dem Gebüsch.

Gaby Ullmann

Anfahrt

ÖPNV: Mit dem Zug (R 8 oder R 62) zum Bahnhof Gunzenhausen und von dort mit Bus 621 nach Absberg (verkehrt nur werktags und zweimal samstags). Alternativ mit dem R 6 nach Georgensgmünd, von dort mit Bus 605 (»Brombachsee-Express«) nach Spalt und dann weiter mit Bus 621 nach Absberg.

Kfz: Von Norden über die A 6 bis Ausfahrt Schwabach West, weiter über die B 466 bis Wassermungenau. Dort rechts ab und über Spalt bis Absberg. Von Süden über die A 9 bis Ausfahrt Ingolstadt-Nord und auf der B 13 über Weißenburg, rechts ab auf die B 2 nach Ellingen und Pleinfeld. Vor Pleinfeld links ab nach Langlau. Durch Langlau nach Absberg.

Information

Tourist-Information Absberg, Hauptstr. 31, 91720 Absberg, Tel. 0 91 75/17 10, www.absberg.de

Essen und Trinken

Am See finden Sie Kioske mit herrlichen Freiterrassen. Für Selbstverpfleger stehen mehrere Grillplätze zur Verfügung. In Absberg selbst gibt es entlang der Hauptstraße verschiedene Gasthäuser mit wunderschönem Seeblick.

Extra

Über den Großen Brombachsee kreuzt ein Trimaran mit drei Decks, der für die kleinen Gäste sogar ein eigenes Spielschiff zum Kapitän-Spielen hat. Erlebnisschifffahrt Brombachsee, Am Anger 10, 91785 Pleinfeld OT Ramsberg, Tel. 0 91 44/92 70 50 oder 01 72/5 92 51 30 (Schiffstelefon), www.ms-brombachsee.de

Die Anlegestelle in Absberg befindet sich an der »Seespitze«. Vom Marktplatz aus über den Sommerkellerweg und vorbei am Badestrand »Hopfenstrand« zu erreichen.

9 Irrwege zum Ruhm
Der *Parzival* des Wolfram von Eschenbach

»Mutter, Mutter, stellt Euch vor, was ich gesehen habe!« Außer Atem stolperte Parzival über die Schwelle, und seine Worte überschlugen sich vor Eifer, als er von den fremden Reitern erzählte, die ihm im Glanz ihrer Waffen wie Götter erschienen waren. »Jetzt weiß ich, was ich werden will«, schloss er mit leuchtenden Augen. »Ein Ritter der Tafelrunde!«

Königin Herzeloyde wurde das Herz schwer. Alles hatte sie aufgegeben, um ihren Sohn vor diesem Schicksal zu bewahren, vor einer Welt voll Ritterehre, Kampf und Tod. Wie ein Naturkind hatte sie ihn aufgezogen, fern vom Hofe – indes, vergebens. Ein kurzer Anstoß genügte, und Parzival kannte kein Halten mehr, er strebte nach Waffenruhm, ganz wie sein allzu früh gefallener Vater, dachte Herzeloyde bitter.

Ihre letzte Hoffnung war, dass König Artus den weltfremden Jüngling abweisen würde. Doch obwohl Parzival ein reiner Tor war, ungebildet und naiv, besaß er eine natürliche Anmut, die dem König gefiel. So kam es, dass sich sein Schicksal erfüllte: Parzival wurde ein Ritter, der zu Großem berufen schien.

Getrieben von dem Ehrgeiz, sich mit Heldentaten zu bewähren, zog er landauf, landab durch die Welt, bis ihn das Schicksal an die Pforten der Gralsburg »Mont Salvage« führte. Da staunte der junge Held, solchen Glanz hatte er noch nie gesehen! Die Tafel war mit glitzerndem Kristall gedeckt, die feinsten Speisen wurden aufgetragen, und der Wein schmeckte so voll und süß, dass es eine rechte Lust zu trinken war. Seinem Gastgeber jedoch, das war nur allzu offensichtlich, konnte die ganze Pracht keine Freude bereiten. Grau und hinfällig sah der Gralskönig aus, und er schien schwere Schmerzen zu leiden. Was dem Mann wohl fehlte? Parzival biss sich auf die Zunge. Schon mehr als einmal hatte ihn sein einfältiges Wesen in arge Verlegenheit gebracht. So viel immerhin hatte er inzwischen gelernt: Wenn man nicht recht wusste, was sich schickte, hielt man besser den Mund.

Erst an Artus' Hof dämmerte es dem unbedarften Helden, dass er wohl einen Fehler gemacht hatte. Die Kunde von seinem Gastmahl auf der Gralsburg hatte sich wie ein Lauffeuer herumgesprochen, aufgeregt scharten sich die Ritter und Knappen um ihn. »Du hast den kranken König nicht gefragt, was ihm fehlt?«, fragten sie, als ob das eine Sün-

Das Wolfram-Museum setzt Leben und Werk des Minnesängers in Szene.

de wäre. Unsicher sah Parzival in die Runde. Jeder schien zu wissen, was es mit der Gralsburg auf sich hatte. Zum Teufel, warum hatte ihm denn seine Mutter so gar nichts beigebracht? Erst jetzt erfuhr er die schmerzliche Wahrheit: Mit einer teilnahmsvollen Frage hätte er den kranken König erlösen können – schlimmer noch, mit seinem Schweigen hatte er sich, wissentlich oder nicht, so schwer versündigt, dass König Artus ihn vom Hof verbannte.

Parzival büßte bitter für seine Torheit. Fünf lange Jahre zog er durch die Lande, um die versäumte Frage nachzuholen – doch er fand die Gralsburg auf dem Mont Salvage nicht mehr.

Es war ein Karfreitag, als er am Abend zur Felsklause eines Einsiedlers kam. Der fromme Mann erzählte ihm von der Gralsburg und dem König, dem ein unbekannter Ritter nicht geholfen habe. Parzival schwieg, gestand dann aber doch, dass er der Ritter gewesen war. Wie groß war seine Freude, als er erfuhr, dass Sühne möglich war! Mit Geduld und Güte brachte der Einsiedler den jungen Toren auf den rechten Weg. Geläutert brach Parzival auf, und schon am Ostermorgen fand er den Weg zur Gralsburg, die im hellen Sonnenglanz erstrahlte. Leichten Herzens stellte er nun endlich die erlösende Frage, und wirklich, der kranke König war geheilt. Zu seinem Nachfolger aber wurde kein anderer als Parzival berufen.

> ### ❧ Ritterlicher Minnesänger: Wolfram von Eschenbach ❧
>
> *Nein, wir wollen nicht behaupten, Parzival sei Franke gewesen – aber sein Autor war es: Wolfram von Eschenbach. »Zum Schildesamt bin ich geboren, und unverständig dünkt mich die Frau, die, wo ich nicht kraftvolle Kühnheit beweise, um meiner Sängerkunst mich liebt.« So hat sich Wolfram selbst charakterisiert. Sein Ruhm gründet jedoch nicht auf Heldentaten, sondern auf seinen Minneliedern und epischen Werken. Um 1170 in Eschenbach geboren, verdiente er seinen Unterhalt als fahrender Sänger. Sein größter Mäzen war Hermann von Thüringen, an dessen Hof er möglicherweise auch Walther von der Vogelweide getroffen hat. In späteren Jahren lebte Wolfram mit Weib und Kind wieder in Eschenbach. Er starb um 1220 und wurde im heutigen Liebfrauenmünster beigesetzt, wo bis ins 17. Jahrhundert sein Grabmal zu sehen war.*
>
> ### ❧ Ein sagenhafter Bestseller ❧
>
> *Hätte es damals schon Bestseller-Listen gegeben, hätte Wolframs Parzival über zwei-, dreihundert Jahre einen Spitzenplatz besetzt. Sein Erfolgsgeheimnis: Er ließ das Sagenreich der Artus-Geschichten aufblühen, märchenhaft weit weg vom düsteren Alltag. Man benannte die Kinder nach den Figuren, das Werk wurde in mehrere Sprachen übersetzt – zuallererst von Wolfram selbst, der seinen Stoff einer französischen Vorlage verdankte. Heute wäre es undenkbar, dass ein Autor ein fremdes Werk so frei übersetzt, nach Belieben kürzt, neue Personen und Nebenhandlungen einführt, doch damals war dieses Vorgehen gang und gäbe – das Können des Autors erwies sich im Umgang mit dem Stoff.*

Ausflugstipp: Auf Wolframs Spuren

Wolframs-Eschenbach lädt zur Zeitreise ein – in den Mauern des romantischen Städtchens glaubt man sich ins Mittelalter zurückversetzt. Am besten parkt man vor einem der beiden Tore im Osten bzw. Westen der Altstadt oder auf dem Parkplatz »Bärengarten« an der Nordmauer, ein Wegweiser führt zum Wolfram-von-Eschenbach-Museum im Alten Rathaus. Die schönen Fachwerk- und Renaissance-Bauten, die sich um das Liebfrauenmünster scharen, hat Wolfram freilich nie gesehen. Zu seiner Zeit gab es auch noch keine Stadtmauer, sondern nur eine Art

Der *Parzival* des Wolfram von Eschenbach

Wolfram von Eschenbach mit geschlossenem Visier (*Manesse-Handschrift*, Anfang 14. Jahrhundert)

Palisadenzaun, hinter dem sich schmächtige Häuschen duckten, und dem Kirchturm fehlte noch die markante, bunt glasierte Spitze.

Da weder Wolframs Haus noch sonstige Gegenstände aus seinem Besitz erhalten geblieben sind, hat man in den neun Räumen des Museums Leben und Werke des Dichters in Szene gesetzt. In einem nachtblauen Raum ist alles versammelt, was Wolfram über sich selbst verriet. Im Guckkasten grast die Schafherde, die fürs Pergament einer

Roman-Handschrift dran glauben müsste, die Gralsburg versteckt sich hinter dicken Mauern, und über Kopfhörer kann man Wolframs Tageliedern lauschen – auf Mittelhochdeutsch, wie sich das gehört.

Gisela Lipsky

Anfahrt
ÖPNV: Vom Bahnhof Ansbach mit Regionalbus 738 nach Wolframs-Eschenbach, Haltestelle »Weizendorfer Str.«.
Kfz: Von Osten kommend auf der A 6 bis Ausfahrt Lichtenau, weiter Richtung Windsbach. Bei Schlauersbach rechts ab nach Rückersdorf, dann in Wattenbach links und über Wöltendorf nach Wolframs-Eschenbach. Von Westen kommend auf der A 6 bis Ausfahrt Ansbach, weiter auf der B 13 bis Merkendorf. Hier links ab nach Wolframs-Eschenbach. Von Süden kommend über Gunzenhausen auf der B 13 rechts am Altmühlsee vorbei. Über Muhr bis Merkendorf. Hier rechts ab nach Wolframs-Eschenbach.

Informationen
Kultur- und Tourismusbüro, im Bürger- und Rathaus, Wolfram-von-Eschenbach-Platz 1, 91639 Wolframs-Eschenbach, Tel. 0 98 75/97 55 32, www.wolframs-eschenbach.de
Museum Wolfram von Eschenbach, Wolfram-von-Eschenbach-Platz 9, 91639 Wolframs-Eschenbach, Tel. 0 98 75/97 55 34, www.wolframs-eschenbach.de (unter »Wolfram v. Eschenbach«), Apr–Okt Di–Sa 14.00–17.00, So 10.30–12.00 und 14.00–17.00. Nov–März Sa–So 14.00–17.00. Eintritt 2,50 € (ermäßigt 1,50 € / Familien 4,00 € / Kinder bis 6 Jahre frei). Führungen Apr–Okt jeden ersten So im Monat um 14.00, Kosten 1,00 €. Für Gruppen auch nach Vereinbarung.
Im Museum gibt es eine reiche Auswahl an Wolfram- und Mittelalter-Literatur.

Essen und Trinken
Café Parzival, Wolfram-von-Eschenbach-Platz 4, 91639 Wolframs-Eschenbach, Tel. 0 98 75/97 11 40, www.cafeparzival.de, Di–Sa 9.00–12.00 und 14.00–18.00, So 13.30–18.00. Köstliche hausgemachte Kuchen und Torten, außerdem Zeitungen, Zeitschriften und Geschenke.

Lektüre

Adolf Muschg: *Der Rote Ritter. Eine Geschichte von Parzival*, Frankfurt 2002.

Dieter Kühn: *Der Parzival des Wolfram von Eschenbach*, Frankfurt 1997.

10 Schlangengold
Serpentina vom Hesselberg

In Dinkelsbühl lebte einst ein Hopfenhändler, der einen wohlgeratenen Sohn hatte. Weil der Junge von angenehmem Äußeren war, wurde er der »schöne Heinrich« genannt. Heinrich liebte Serpentina, die Tochter des Bürgermeisters. Auch Serpentina sah den schönen Heinrich gern. Es war jedoch bekannt, dass der Bürgermeister jeden Freier seiner Tochter abwies, keiner schien ihm reich und vornehm genug. Daher wagte Heinrich nicht, von seinen Gefühlen zu sprechen. Als er sich aber eines Abends doch seinem Vater anvertraute, beruhigte ihn dieser: »Haben wir auch keine vornehmen Ahnen, so kannst du doch mit einer Erbschaft rechnen.«

Der habgierige Bürgermeister rieb sich die Hände, als ihm das zu Ohren kam, und willigte in die Heirat ein. Die Hochzeit stand vor der Tür, niemand war glücklicher als Heinrich und Serpentina, als Heinrichs Vater ganz plötzlich an einem Schlaganfall starb. Heinrich, der sich bisher nicht ums Geschäft gekümmert hatte, stand wie vom Blitz getroffen da, weil er nur Schulden vorfand. Dies blieb dem Bürgermeister nicht verborgen; er kündigte das Eheversprechen, und der unglückliche Heinrich verließ die Stadt.

Unterwegs machte er Rast auf dem Hesselberg, in Gedanken bei Serpentina, als er ein glänzendes, blaues Schlänglein sah. Heinrich streichelte das Tier, dachte dann wieder an seine Liebste und rief voll Kummer dreimal ihren Namen. Mit einem Mal war die Schlange verschwunden, und eine Jungfrau in blauem Seidenkleid mit goldenem Gürtel stand vor ihm. Heinrich erschrak. »Wer bist du?«, fragte er. »Die, die du gerufen hast«, erwiderte die Fremde. »Ich habe dich nicht gerufen«, sagte Heinrich erstaunt. Sie sah ihn mit großen Augen an. »Hast du nicht dreimal meinen Namen gerufen – Serpentina?«, fragte sie. »Dann trägst du denselben Namen wie meine Liebste«, seufzte Heinrich. Traurig klagte er der Fremden sein Leid.

»Ich will dir helfen«, sprach sie, trat an einen großen Stein, und augenblicklich öffnete sich eine Tür ins Innere des Berges. Heinrich folgte Serpentina in einen festlich erleuchteten Saal, sie führte ihn zu einer Kiste voll schwerer Goldstücke und befahl ihm, sein Felleisen damit zu füllen. Dann reichte sie ihm einen Kranz aus goldenen Ranken, mit kostbaren Steinen besetzt, und sagte: »Für deine Braut, es ist der Brautschmuck meiner seligen Mutter.« Heinrich bedankte sich überschwänglich, dann bat er die Jungfrau, ihre Geschichte zu erzählen.

Sie begann: »Mein Vater, Ritter Arno, schloss einen Bund mit dem Höllenfürsten, der ihm diese Reichtümer verschaffte. Meine Mutter betete Tag und Nacht, um seine Seele zu retten. Da erschien ihr die Himmelskönigin und sprach: ›Wenn deine Tochter ihr Leben Gott und der Kirche weiht, so soll dein Gemahl erlöst sein.‹ Ich aber schenkte mein Herz dem Ritter Benno von Lenkersheim. Am Tag, als wir uns verlobten, spaltete sich der Berg und verschlang die Burg, höllische Geister entführten meinen Vater, und ich wurde dazu verdammt, in Schlangengestalt hier auszuhalten, bis die Goldkiste geleert ist. Nur alle fünfzig Jahre ist es mir vergönnt, menschliche Gestalt anzunehmen und guten Menschen zu helfen, die in Not geraten sind. Kehr nun zurück, morgen wird dein Elternhaus versteigert; bezahle die Gläubiger mit dem Gold. Dann geh ins Zimmer deines Vaters, dort hängt ein Ölgemälde an der Wand, dahinter ist ein Schrank, in dem du sein Vermögen findest; damit wird auch seine Ehre wiederhergestellt. Für mich aber lass hundert Seelenmessen lesen!«

Nach diesen Worten führte ihn die Jungfrau ans Tageslicht, im nächsten Moment war sie verschwunden. Heinrich wanderte nun guten Mutes nach Hause und nahm sein Erbe in Besitz. Er führte Serpentina als seine Gattin heim, und das Glück blieb ihnen treu bis ans Ende ihrer Tage.

Kupferstich von Dinkelsbühl mit allegorischen Figuren (um 1650)

Gipfelglück auf dem Hesselberg

❧ Wie hebt man einen versunkenen Schatz? ❧

Rechnen Sie mal nach: Gut möglich, dass im Hesselberg immer noch etwas zu holen wäre – leider nur alle 50 Jahre. Zum Glück gibt es viele verwunschene Berge und Burgruinen. Allerdings wird es den Jägern der verlorenen Schätze selten so leicht wie dem schönen Heinrich gemacht. Meist hockt ein großer schwarzer Hund mit feurigem Atem auf der Truhe, den Schlüssel zwischen den Fangzähnen, in den Augen blanke Mordlust. Dann wieder züngeln Schlangen um den Türgriff zum Verlies. Ebenso häufig wird der Schatz von einer Jungfrau gehütet, die man mit einem beherzten Kuss erlösen müsste – an sich kein Problem, würde sich die Schöne nicht im entscheidenden Moment in eine gräuliche alte Vettel oder in eine zischende Schlange verwandeln. Kein Wunder also, dass die meisten Schatzsucher nicht zum Ziel kommen ...

Ausflugstipp: Der Hesselberg – Mittelfrankens höchster Gipfel

Zehn Kilometer nordwestlich von Wassertrüdingen erhebt sich weithin sichtbar Mittelfrankens höchster Gipfel, der 689 Meter hohe Hesselberg. Berg und Umgebung sind von Sagen umrankt, mit Resten vor- und frühgeschichtlicher Befestigungen und Spuren reicher Besiedlung.

Serpentina vom Hesselberg

Wenn Sie auf den Spuren des schönen Heinrich und seiner Wohltäterin wandeln wollen, haben Sie ein Netz von Wanderwegen zur Auswahl. Höhepunkt ist der Hesselbergpfad, ein Gipfelrundweg mit Infos zu Natur und Geschichte, der zu den schönsten Punkten des Berges führt (1 1/2–2 Std). Von Gerolfingen aus führt die gut befahrbare Hesselbergstraße zum Kiosk direkt unterhalb des Gipfels. Wenn Sie gut zu Fuß sind, sollten Sie das Auto in einem der umliegenden Orte stehen lassen, um das Gipfelglück perfekt zu machen – es gibt von allen Talgemeinden aus reizvolle Aufstiege (Gehzeit bis zum Info-Pavillon jeweils 1–1 1/2 Std): Von Ehingen aus (ab Parkplatz »Schafscheune«) führt der mit »blauem Punkt« markierte Weg an zahlreichen Obstbäumen entlang, mit Informationen über die Imkerei und durch den bewaldeten Nordhang des Berges. Von Osten (ab Parkplatz »Schlössleinsbuck«, zwischen Lentersheim und Röckingen) führt der »blaue Querstrich« durch Wälder und über die ehemalige Burganlage Schlössleinsbuck. In Röckingen parkt man am besten am Badeweiher und wandert über den sonnigen Südhang und durch eine schattige Lindenallee, von Gerolfingen durch eine alte Kastanienallee. Und von Wittelshofen führt ein geologischer Lehrpfad vom Parkplatz »Schieferbruch« aus durch Obstwiesen und Wälder zum Gipfel.

Gisela Lipsky

Anfahrt

ÖPNV: Mit dem Zug R 7 / S 4 zum Ansbacher Bahnhof. Hier weiter mit Regionalbus 739 nach Wassertrüdingen. Kann auch von Gunzenhausen (R 62) mit Bus 829 angefahren werden. (Beide Buslinien verkehren nur werktags). Dann mit Regionalbus 825 nach Röckingen, Gerolfingen und Wittelshofen (nur werktags und zweimal samstags) oder Bus 827 nach Lentersheim und Ehingen (meist nur an Schultagen). Die Linien 825 und 827 fahren auch von Dinkelsbühl aus und steuern die Ziele in umgekehrter Reihenfolge an.

Kfz: Von Osten kommend über Gunzenhausen und Unterwurmbach in Richtung Wassertrüdingen, dann in Unterschwaningen rechts ab nach Ehingen bzw. in Wassertrüdingen rechts ab nach Röckingen, Gerolfingen und Wittelshofen. Von Westen kommend über Dinkelsbühl und Botzenweiler nach Wittelshofen. Rechts ab nach Gerolfingen und Röckingen. In Wittelshofen links ab nach Ehingen und Lentersheim. Beide Orte sind von der anderen Seite her auch über Röckingen zu erreichen.

Information

Touristikverband Hesselberg, im Rathaus, Aufkirchen 50, 91726 Gerolfingen, Tel. 0 98 54/97 97 78, www.hesselberg.de

Essen und Trinken

Kiosk am Hesselberg, So 13.00–18.00.
Weitere gute Gaststätten finden Sie in allen erwähnten Orten.

Extras

Kutsch- und Planwagenfahrten um den Hesselberg und durchs Wörnitztal bietet Karl Rosenbauer auf seinem Haflingerhof, Altentrüdingen 12, 91717 Wassertrüdingen, Tel. 0 98 32/15 33, www.haflingerhof-rosenbauer.de
Käse-Fans kommen in der *Schmalzmühle* auf ihre Kosten: Bei einem Käseseminar auf dem denkmalgeschützten Bauernhof werden Sie in die Geheimnisse des Käsemachens eingeführt: Fam. Friedrich König, Schmalzmühle 1, 91740 Röckingen, Tel. 0 98 32/74 33, www.schmalzmuehle.de, Käsemachen für Gruppen ab 15 Personen pro Person 6,00 € (ermäßigt 4,00 €), Käseseminar (15–65 Teilnehmer)

inklusive Brotzeit pro Person 15,00 €. Die *Schmalzmühle* verfügt auch über einen Hofladen, Mi–Fr 8.30–17.30, Sa 8.30–14.00.

11 Mord im Hofgarten
Das kurze Leben des Kaspar Hauser

Es war der Pfingstmontag im Jahre 1828, als auf dem Unschlittplatz in Nürnberg ein verwirrter junger Bursche auftauchte. Eine schäbige Jacke aus grauem Tuch umhüllte die magere Gestalt, die viel zu großen Hosen steckten in halbhohen Stiefeln, aus denen die Zehen lugten, und auf dem Kopf saß ein schwarzer, arg verbeulter Hut. Mit scheuem Blick trat der Jüngling auf den Schuhmacher Weickmann zu, der gerade seines Weges ging, und hielt ihm zitternd einen Brief entgegen. Der Junge, Kaspar Hauser sein Name, stand darauf, solle zu Rittmeister von Wessenig in die Lehre gehen und ein rechter Soldat werden. Ein Absender aber fand sich nicht auf dem Brief. Nur der Hinweis, dass der Schreibende ein armer Tagelöhner sei, dem man den Jungen als Wickelkind auf die Türschwelle gelegt habe.

Da der Brief Weickmann sonderbar dünkte und er auf seine Fragen nichts als Gestammel von dem Jüngling hörte, brachte er ihn auf die Polizeistation. Dort ließ man den Rittmeister von Wessenig kommen, doch der wollte von dem Knaben nichts wissen. »Ein betrunkener Bauer wird das sein«, zürnte er, »ein Schwindler und ein Hochstapler, der sich einen Scherz mit mir erlauben will. Werft ihn in den Turm!«

So geschah es denn. Tag um Tag saß der arme Bursche im Turm des Vestnertores, und wie sehr man ihn auch befragte und bedrohte, es kam nur wirres Gerede aus seinem Mund, das schließlich in dem verzweifelten Ausruf »Möcht' werden ein Reiter wie mein Vater!« gipfelte. Und wurde ihm Fleisch und Bier zur Stärkung gereicht, so spie er es aus. Nur Wasser und trocken Brot nahm er zu sich.

Die Geschichte des ungewöhnlichen Findelkinds sprach sich in Nürnberg schnell herum und schon bald kamen die Bürger zuhauf, um es zu begutachten. Ja, Kaspar Hauser wurde wie eine Jahrmarktsattraktion vorgeführt, und die Zeitungen verbreiteten seine Geschichte, gespickt mit Gerüchten und Unwahrheiten, im ganzen Land. Bald hieß es überall, der Findling sei der beiseite geschaffte Erbfolger des badischen Fürstenhauses.

Auch hohe Herren kamen, um sich Hauser näher zu besehen. Darunter Anselm Ritter von Feuerbach, ehrwürdiger Präsident am Appellationsgericht in Ansbach. Fasziniert von Hausers Geschichte und dem

Gedanken, es könne sich um einen entführten Prinzen handeln, nahm er sich seiner an und veranlasste, dass er einen Lehrer erhielt. Wie sich herausstellte, war Kaspar Hauser ein gelehriger Schüler. Bald schon konnte er sich aufs Trefflichste verständigen, lernte zu schreiben, mit Messer und Gabel zu speisen und war höflich und zuvorkommend.

Gut ein Jahr war vergangen, da ging Hauser an einem Herbstabend an der Pegnitz entlang, als plötzlich ein vermummter Mann auf ihn zutrat. »Nun ist es vorbei mit dir«, rief er, zückte ein blitzendes Fleischermesser und hieb damit auf den Findling ein. Wie durch ein Wunder aber wurde Hauser nur an der Stirne verletzt. Doch es sollte nicht bei diesem einen Anschlag bleiben – nur wenige Monate später kam es zu einem zweiten Attentat.

Weil seine Sicherheit in Nürnberg nicht mehr gewährleistet war, ließ Anselm von Feuerbach den Jüngling nach Ansbach kommen und ihn im Haus des Lehrers Johann Georg Meyer unterbringen. Doch auch hier wurde Kaspar Hauser nicht froh. Zwar konnte ihm sein Mentor noch eine Stelle als Schreiber verschaffen, dann aber kam Feuerbach unter

Auf den Spuren eines Mordfalls: das Kaspar-Hauser-Denkmal in der Ansbacher Platenstraße

mysteriösen Umständen ums Leben. Traurig und unglücklich im Hause Meyers, beschloss Kaspar Hauser, seiner Herkunft nun selbst auf den Grund zu gehen. Und so war er mehr als froh, als er eines Tages einen Mann kennenlernte, der ihm versprach, ihm alles über seine Familie zu berichten. Voller Vertrauen ging Hauser nach seinem Tagwerk in den Hofgarten, wo der Fremde auf ihn wartete. »In diesem Beutelchen ist alles, was du wissen musst«, sprach der Mann und ließ den Beutel zu Boden fallen. »Danke, Herr«, sagte Hauser und bückte sich, um das Begehrte aufzuheben. Als er sich aber aufrichtete, stieß ihm der Fremde ein Messer in die Rippen. Hauser brach zusammen, konnte sich aber mit letzter Kraft nach Hause zu Lehrer Meyer schleppen. Doch der glaubte ihm kein Wort. »Den Stich hast du dir selbst zugefügt«, schimpfte er. »Gott – wissen. Gott – wissen – alles«, beteuerte Hauser, dann fiel er in ein tiefes Fieber. Drei Tage später war er tot.

⁂ Akte Findelkind ungelöst ⁂

Die wahre Herkunft von Kaspar Hauser ist bis heute ungelöst. 1996 verkündete der Spiegel *in einer Titelgeschichte mit der Überschrift »Der entzauberte Prinz«, eine Genanalyse habe eindeutig bewiesen, dass das Findelkind nicht, wie lange angenommen, der Sohn des Großherzogs Karl von Baden, also der rechtmäßige Erbprinz von Baden sei. Wissenschaftler hatten im Auftrag des Magazins die getrockneten Blutflecken auf einer Unterhose analysieren lassen, die im Ansbacher Kaspar-Hauser-Museum ausgestellt ist. Mit dieser Entmystifizierung aber wollten sich andere nicht abfinden. 2002 gab der TV-Sender* Arte *für eine Dokumentation weitere Forschungen in Auftrag. Diesmal untersuchte der Rechtsmediziner Prof. Bernd Brinkmann von der Universität Münster Haar- und Gewebeproben aus dem Schweißband von Hausers Hut, der ebenfalls in Ansbach ausgestellt ist. Das Ergebnis: eine verblüffend große Übereinstimmung mit dem Gen-Code einer Nachfahrin der badischen Dynastie. Da aber weder bei der Unterhose noch bei dem Zylinder sicher sein kann, dass sie tatsächlich Kaspar Hauser gehörten, geht das Rätselraten weiter. Einzig eine Exhumierung und eine DNA-Analyse könnten die Wahrheit ans Licht bringen.*

Geheimnisumwittertes Findelkind: Kaspar Hausers Herkunft ist bis heute nicht geklärt.

Ausflugstipp: Spurensuche in Ansbach

Das Schicksal des »Kindes Europas« ist in Ansbach überall präsent. Bei einem Rundgang durch die Stadt können Sie auf seinen Spuren wandeln. Den besten Einstieg bietet das Markgrafenmuseum: In drei Räumen wird hier das Leben des Findelkindes dargestellt, Erbprinz-Theorie und Gen-Analysen werden erläutert, Zeitgenossen zitiert und Hausers Rolle in Literatur und Film aufgezeigt. Ein Kaspar-Hauser-Denkmal findet sich in der Platenstraße. Die beiden Bronzefiguren zeigen Hauser, wie er bei seinem Auftauchen ausgesehen haben könnte, und in der

Kleidung eines Edelmannes in Ansbach. In der Pfarrstraße 18 steht das Haus des Lehrers Meyer, wo Hauser zwei Jahre gewohnt hat und letztlich seiner Verwundung erlegen ist. In der ehemaligen markgräflichen Kanzlei, Montgelasplatz 1, war Hauser als Schreiber beschäftigt. Am Treppenturm im Innenhof befindet sich eine Gedenktafel für seinen Mentor, den großen Juristen Anselm von Feuerbach. Von hier aus lohnt sich ein Abstecher in die Schwanenritterkapelle von St. Gumbertus, in der Hauser am 20. Mai 1833 konfirmiert wurde. In der Karolinenstraße 21, dem heutigen Pfarrhaus St. Ludwig, befand sich Anselm von Feuerbachs Wohnhaus. Er hatte in einem Memorandum im Frühjahr 1833 erstmals alle Hinweise auf Hausers badische Herkunft niedergelegt und ist vermutlich aus diesem Grund in Frankfurt am Main ermordet worden. Im Ansbacher Hofgarten fand das Attentat auf den Jüngling statt. Auch hier steht ein Kaspar-Hauser-Denkmal. Der Rundgang endet an seinem Grab auf dem Stadtfriedhof bei Heilig-Kreuz. Die lateinische Inschrift auf dem Grabstein bedeutet: »Hier liegt Kaspar Hauser, ein Rätsel seiner Zeit, unbekannt seine Geburt, geheimnisvoll sein Tod. 1833«

Gaby Ullmann

Anfahrt

ÖPNV: Vom Ansbacher Hauptbahnhof geradeaus, links am Hofgarten vorbei und über die Promenade sind es 5 Gehminuten in die Innenstadt.

Kfz: Von Norden kommend über die A 7 bis Ausfahrt Bad Windsheim. Ein Stück über die B 470 an Burgbernheim vorbei. Dann vor Illesheim rechts auf die B 13 abbiegen und über Marktbergel und Oberdachstetten bis Ansbach. Alternativ von Nürnberg über die B 14 durch Stein und an Heilsbronn vorbei bis Ansbach. Von Süden kommend über die A 6 bis Ausfahrt Ansbach und weiter über die B 13 in die Stadt. Zahlreiche Parkmöglichkeiten rund um die Altstadt, z. B. an der Rezatwiese.

Informationen

Amt für Kultur und Touristik, Johann-Sebastian-Bach-Platz 1, 91522 Ansbach, Tel. 09 81/5 12 43, www.ansbach.de

Markgrafen-Museum, Kaspar-Hauser-Platz 1, 91522 Ansbach, Tel. 09 81/9 77 50 56, tägl. 10.00–17.00 (Okt–Apr Mo geschlossen). Eintritt 3,50 € (ermäßigt 2,00 € / Kinder bis 12 Jahre frei). Gruppenführungen ab 10 Personen nach Vereinbarung.

Essen und Trinken

Gaststätte Kaspar Hauser, Pfarrstr. 10, 91522 Ansbach, Tel. 09 81/1 70 53, www.restaurant-kaspar-hauser.de, Di–Sa 11.00–21.00, So 11.00–20.00. An der Häuserfassade findet sich ein Bilderfries u. a. mit Porträts des Großherzogs Karl von Baden und seiner Gattin, von Kaspar Hauser und Anselm von Feuerbach.

Extra

Bei den Kaspar-Hauser-Festspielen, die seit 1998 alle zwei Jahre Ende Jul–Anfang Aug stattfinden, sind Theaterstücke, Konzerte und Lesungen an historischen Spielorten, Filme, Seminare und Vorträge geboten. Infos und Kartenvorverkauf beim Amt für Kultur und Touristik oder www.kaspar-hauser-ansbach.de

12 Der verliebte Teufel
Brautschau mit Pferdefuß

Irgendwann einmal hatte auch der Teufel das Alleinsein satt und beschloss, auf Brautschau zu gehen. Bei seiner Suche kam er nach Rothenburg und sah im Garten eines reichen Kaufmanns eine junge Maid am Brunnen sitzen, die sich ihr langes goldenes Haar kämmte und mit feinster Stimme vor sich hin sang. Von ihrer Schönheit und Anmut hingerissen, wusste der Teufel sofort, dass diese und keine andere die Königin in seinem Höllenreich werden sollte. Gleich am nächsten Tag ging er also, als Edelmann verkleidet und flankiert von zweien seiner treuesten Diener, in das Haus des Kaufmanns und hielt um die Hand des Mädchens an. Die süßesten Worte fand er, um den Liebreiz der Angebeteten zu preisen, auf Händen wolle er sie tragen und niemals solle es ihr an etwas mangeln. Von seinen Worten betört, willigten die Eltern schnell in die Heirat ein. Vor allem die Mutter war von den edlen Manieren und der stattlichen Erscheinung des vornehmen Herren derart eingenommen, dass sie ihren Mann drängte, sogleich eine Gasterei auszurichten, auf dass die Verlobung gefeiert werden könne.

Und so fanden sich am Abend Freunde, Verwandte und die ganze gehobene Gesellschaft Rothenburgs im Gasthaus ein, und es wurde ein rauschendes Fest. Vor allem der Bräutigam war über die Maßen fröhlich, speiste und trank, lachte und scherzte und schwenkte seine Braut im Kreis herum, während seine Diener auf der Sackpfeife und der Geige spielten.

Einzig dem Bruder des Kaufmanns, einem ehrsamen und gottesfürchtigen Mann, kam der Freier seiner Nichte nicht geheuer vor. Auch schien es ihm, als ob der Bräutigam beim Tanz etwas hinke. Weil er also Böses ahnte, ging er auf den Edelmann zu und fing mit ihm ein Gespräch über die Heilige Schrift an. »Hört mir auf mit solch unerquicklichen Reden«, rief der Fremde. »Lasst uns lieber zechen und fröhlich sein!« Mit diesen Worten wollte er sich wieder seiner Braut zuwenden, da nahm der fromme Onkel das hölzerne Kreuz von der Wirtshauswand, hielt es sich vor die Brust und sprach mit donnernder Stimme: »Euch bösen Feind des Glaubens, euch Fürsten der Dunkelheit erkenn ich wohl. Wir aber sind getauft auf den Namen des Herrn, und wir werden uns zu schützen wissen.«

Augenblicklich wirbelte der falsche Edelmann herum, die Augen quollen hervor, zwei Hörner streckten sich aus seinem Kopf und unter seinem samtenen Gewand spitzten plötzlich der behaarte Schwanz und ein Pferdefuß heraus. In ohnmächtigem Zorn stampfte er noch einmal auf den Boden, dann fuhr er samt seinen Dienern zum Fenster hinaus. In der Gaststube blieben an ihrer statt nur drei leblose Hüllen zurück. Es waren die Körper von drei Verbrechern, die man vor den Toren der Stadt gehenkt hatte.

ꝏ Der Rothenburger Meistertrunk ꝏ

Bekannter als diese Mär ist sicher die Sage vom Rothenburger Meistertrunk. *Als Rothenburg im Jahr 1631 von den kaiserlichen Truppen erobert wurde, drohte General Tilly, erbost über den langen Widerstand, mit Brandschatzung und der Hinrichtung angesehener Ratsherren. Um die Stadt davor zu bewahren, ließ sich Bürgermeister Georg Nusch mit Tilly auf die Wette ein, er könne einen Pokal mit 3 1/4 Liter Wein austrinken, ohne abzusetzen. Der trinkfeste Franke gewann, und Rothenburg war gerettet. Im Reichsstadtmuseum ist der sagenhafte Pokal zu sehen, und von Pfingstfreitag bis Pfingstmontag verwandelt sich Rothenburg in eine mittelalterliche Reichsstadt zurück – mit Lagerleben und Aufführungen des Festspiels* Der Meistertrunk *im Kaisersaal des Rathauses.*

Der Eingangsbereich des Mittelalterlichen Kriminalmuseums in Rothenburg

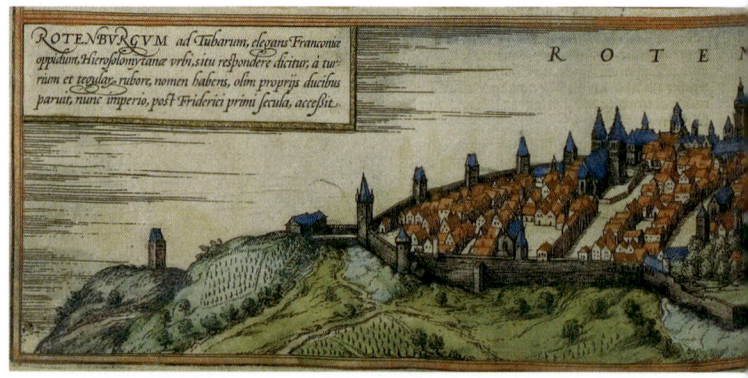

Das frühneuzeitliche Rothenburg (kolorierter Kupferstich aus *Civitates Orbis Terrarum*, 1572)

Ausflugstipp: Gruselstunde im Kriminalmuseum

Im Mittelalter ging es mitunter wahrlich teuflisch zu. Wenngleich dabei weniger der Satan seine Hand im Spiel hatte als der Mensch selbst. Einen kleinen Vorgeschmack auf die Hölle bietet ein Besuch im Rothenburger Kriminalmuseum. Das bedeutendste Rechtskundemuseum Deutschlands gibt auf vier Etagen einen umfassenden Einblick in über 1000 Jahre Rechtsgeschichte. Zahlreiche Verordnungen, Gesetze und Urkunden, Kupferstiche, Holzschnitte und Medaillen zeigen, wie das Leben anno dazumal reglementiert war. Richtig schön schaurig aber wird es in der Abteilung der Folter- und Hinrichtungsgeräte. Ob Rad, Kopfzwinge oder Henkersbeil, Daumenschrauben, Streckbank oder Zungenzange – die Fantasie unserer Vorfahren kannte keine Grenzen, wenn es darum ging, Verhöre zu führen und Verbrechen zu ahnden. Selbst bei kleineren Vergehen im Alltag wurde kurzer Prozess gemacht. Zwei zänkische Weiber kamen sich in der Doppelhalsgeige zwangsweise näher, notorische Wirtshaushocker fanden sich in der Trinkertonne wieder, unbelehrbare Rüpel hinter der eisernen Schweinemaske.

Und selbst in den privatesten Bereich hinein regieren die Gesetzeshüter. Polizeidekrete legten mit strengen Kleider-, Hochzeits- und Tauforordnungen das gesellschaftliche Leben bis ins Detail fest. Herzog Maximilian verdonnerte 1640 die Bürger Bayerns sogar zur regelmäßigen Beichte. Der Beichtzettel war vorher persönlich beim Pfarrer abzugeben.

Gaby Ullmann

Brautschau mit Pferdefuß

Anfahrt

ÖPNV: Vom Rothenburger Bahnhof ist die historische Altstadt bequem zu Fuß zu erreichen. Vor dem Bahnhof links über die Bahnhofstr. Dann weiter auf der Ansbacher Str. bis zum Rödertor.

Kfz: Auf der A 7 bis Ausfahrt Rothenburg o. d. Tauber. Am besten folgen Sie dem Leitsystem zu den Großraumparkplätzen (Gebühren 1,00 € pro Std., max. Tagessatz 5,00 €). Im Zentrum besteht ein Nachtfahrverbot (tägl. 19.00–6.00). Weitere Informationen auf www.parken-rothenburg.de

Informationen

Rothenburg Tourismus Service, Marktplatz 2, 91541 Rothenburg o. d. Tauber, Tel. 0 98 61/40 48 00, www.rothenburg.de oder www.tourismus.rothenburg.de

Kriminalmuseum, Burggasse 3–5, Tel. 0 98 61/53 59, www.kriminalmuseum.rothenburg.de, Jan–Feb tägl. 14.00–16.00, März tägl. 13.00–16.00, Apr tägl. 11.00–17.00, Mai–Okt tägl. 10.00–18.00, Nov tägl. 14.00–16.00, Dez tägl. 13.00–16.00. Letzter Einlass jeweils 45 Min. vor Schließung. Eintritt 5,00 € (ermäßigt 3,00–4,00 € / Kinder bis 6 Jahre frei). Führungen für Gruppen ab 10 bis max. 30 Personen nach Vereinbarung.

Kartenvorverkauf für das Festspiel *Der Meistertrunk* im Reisebüro am Bahnhof (Tel. 0 98 61/46 11), an der Tageskasse am Marktplatz oder auf www.meistertrunk.de

Extras

Der Schäfertanz in historischen Gewändern findet mehrmals im Jahr auf dem Rothenburger Marktplatz statt. Informationen auf www.schaefertanzrothenburg.de

Im Kaisersaal des Rathauses werden regelmäßig Vorstellungen der Hans-Sachs-Spiele aufgeführt. Informationen auf www.hans-sachs-rothenburg.de

Ganzjähriger Christkindlesmarkt in der Herrngasse 2, Tel. 0 98 61/40 90, www.wohlfahrt.com (unter »Fachgeschäfte« > »Rothenburg« > »Christkindlesmarkt«).

Romantische Erlebnis-Kutschfahrten durch Rothenburg und ins idyllische Taubertal bieten:

Fuhrbetrieb Klenk, Tel. 0 98 61/8 69 22, www.kutschfahrten-rothenburg.de

Fuhrhalterei Wieland, Tel. 0 79 35/80 00, www.kutschen-wieland.de

Dunkle Visionen
Die fränkische Seherin
Sibylla Weiß

13

Gewiss, die Frau, die einsam etwas außerhalb des Dorfes in einem prächtigen Schloss wohnte, war von adeliger Herkunft und mit Sicherheit auch fromm und gottesfürchtig. Aber ganz geheuer war Sibylla Weiß den Lonnerstädtern nie. Eines Tages, so munkelte man, sei ihr bei der Antoniuskapelle auf dem Lauberberg, wohin die Freifrau täglich pilgerte, um für das Heil der Welt zu beten, sogar der Leibhaftige erschienen und habe ihr alle Reichtümer der Welt versprochen, wenn sie nur von ihrem Glauben abließe. Doch die Weiß habe sich dem Teufel widersetzt, und als er sie packen wollte, sei der heilige Antonius erschienen und habe den Satan vertrieben. Noch ungeheuerlicher als diese Begebenheit aber waren den Lonnerstädtern all die Dinge, die die Weiß erzählte, wenn sie einem der Ratsherren, dem Pfarrer oder Damen der Gesellschaft begegnete!

In tausend Jahren, so sprach sie mit monotoner Stimme, den Blick weit in die Ferne entrückt, werde die Menschheit durch die Luft fahren und die Wege würden eisern werden. Bauern bräuchten zum Ackern keine Zugpferde mehr, und blühende Städte wie Nürnberg, Eichstätt, Bamberg und Würzburg würden vom Himmel aus dem Erdboden gleichgemacht werden. Auch würden die Frauen eines Tages Männertracht tragen und Schuhe, die weit vom Boden abständen. »In diesen schrecklichen Zeiten«, so orakelte die Weiß, »werden sich die Menschen von Gott abwenden, und es wird Teuerung, Hunger und Verderben über das Land hereinbrechen.«

Ein anderes Mal sah die Adelige den Fürsten des Ostens gegen den Fürsten des Westens zu Kriege ziehen. Auf dem Gerichtshügel von Teuschnitz würden die Heere schließlich so fürchterlich aufeinanderprallen, dass die nahe Wiesenmühle noch vier Tage lang von Blut getrieben würde. Der Herrscher des Ostens aber ginge als Sieger hervor, seine Horden stießen bis an den Rhein vor, und es gäbe erst wieder Frieden, wenn ein erzürntes Weib den Schreckensherren mit einer Wäschemangel totschlüge.

Weil die Weiß aber auch Geschehnisse der nahen Zukunft, Missernten etwa oder politische Ereignisse, vorhersagte, zollten ihr die Lonnerstädter großen Respekt. So manch angesehener Bürger ging zu

Die Sibylle von Delphi in der Sixtinische Kapelle (Michelangelo Buonarroti, Fresko von 1509)

ihr aufs Schloss und ließ sich in geschäftlichen und familiären Dingen beraten. Und wann immer ihre Weissagungen eintrafen und den Betroffenen in finanzielle Not stürzten, half die vermögende Adelsfrau großzügig mit einer Geldspende aus.

Als Sibylla Weiß schließlich im hohen Alter das Zeitliche segnete, erfüllten ihr die Lonnerstädter aus Dank ihren letzten Wunsch: Ihr Leichnam, so hatte sie verfügt, solle auf einen Esel gelegt werden, der ihn zur Antoniuskapelle bringen werde. Man solle ihr Grab direkt neben der Kirchenmauer ausheben und sorgsam darauf achten, dass es für immer dort bliebe. Denn, so ihre letzte Prophezeiung, wäre das Grab eines Tages so weit von der Kirchenmauer entfernt, dass ein Reiter darum herum reiten könne, wäre der Jüngste Tag gekommen. Die Lonnerstädter taten, wie ihnen geheißen, doch kaum jährte sich der Todestag der Seherin, da war das Grab gut einen Meter von der Kirchturmmauer weggerückt. Zwar meinten einige, der Regen habe das Erdreich versetzt, doch darin, dass man das Schicksal nicht herausfordern solle, waren sich schnell alle einig. Und so bauten die Lonnerstädter eine weitere Mauer rund um die Kapelle. Die Gefahr, dass das Grab nun außerhalb der Einfriedung stehen könne, war damit gebannt. Und auch der Jüngste Tag ist nicht gekommen.

ᛰ Rätselhaft, rätselhaft: die Sibyllen ᛰ

Schon seit dem Altertum steht der Name Sibylle als Synonym bzw. als eine Art Berufsbezeichnung für weissagende Frauen – und auch heute noch nennen wir es sibyllinisch, wenn jemand in Rätseln spricht. Der Ursprung des Namens geht wahrscheinlich zurück auf eine legendäre Prophetin, die in einer Quellgrotte in Erythrai ihre – schon von Heraklit gerühmten – Orakel verkündete. Bei der Besiedelung Unteritaliens durch die Erythraier gelangten diese in dunkler, mystischer Sprache verfassten Orakel nach Cumae, woraus die Vorstellung einer eigenen Sibylle von Cumae entstand. Sie soll die Sibyllinischen Bücher geschrieben und dem römischen König Tarquinius Priscus verkauft haben. Später gelangte die Sammlung von Weissagungen und Kultvorschriften nach Rom und wurde im Keller des Jupitertempels aufbewahrt. Mehrere Männer verwalteten das Orakel, dessen Entscheid auf Beschluss des Senats in allen Notfällen angerufen und befolgt wurde. Anno 83 v. Chr. sollen die Bücher verbrannt worden sein. Dem Sibyllen-Kult tat das allerdings keinen Abbruch – er verbreitete sich auch im späteren Christentum und wurde ein Stoff der bildenden Kunst. Am berühmtesten sind die fünf Sibyllen von Michelangelo an der Decke der Sixtinischen Kapelle. Auch die fränkische Seherin Sibylla Weiß ist historisch schwer zu fassen, nach der Volksüberlieferung gilt sie jedoch in ganz Franken als berühmte Wahrsagerin.

In dem unscheinbaren Grab rechts von der Antoniuskapelle soll Sibylla Weiß begraben sein.

Ausflugstipp: Von Lonnerstadt zur Antoniuskapelle

Ganz so idyllisch, wie der tägliche Pilgerweg der Sibylla Weiß einst gewesen sein mag, ist er heute nicht mehr. Dennoch ist es ein schöner Marsch von Lonnerstadt hinauf zur Antoniuskapelle – auch wenn es noch keinen markierten Wanderweg gibt (was allerdings in Planung ist). Von der Hauptstraße des Dorfes aus überqueren Sie zunächst die B 470 und dann, auf der Straße nach Sterpersdorf, die Aisch. In Sterpersdorf folgen Sie der Straße Richtung Weidendorf. Auf halbem Weg zwischen den beiden Dörfern geht es links den Berg hinauf, wo Sie schon das *Gasthaus Lauberberg* sehen. In ihrem weitläufigen Biergarten steht die kleine Antoniuskapelle, und auch zwei Gräber finden Sie hier. In dem Grab nahe der Kapelle soll Sibylla Weiß begraben sein, das andere ist die letzte Ruhestätte von zwei Pfarrern. Wer die Kapelle besichtigen möchte, kann einfach bei der Wirtsfamilie nachfragen – sie bietet auch Führungen auf dem Anwesen an.

Gaby Ullmann

Anfahrt

ÖPNV: Vom Bahnhof Erlangen mit Bus 203 oder 205 nach Höchstadt/Aisch, Haltestelle »Aischwiese«. Von hier mit Bus 127 oder 245 nach Lonnerstadt.

Kfz: Auf der A 3 bis Ausfahrt Höchstadt-Ost, weiter auf der B 470 Richtung Neustadt bis Lonnerstadt.

Information

Marktgemeinde Lonnerstadt, Schulstr. 17, 91475 Lonnerstadt, Tel. 0 91 93/14 00, www.lonnerstadt.de, Mo 14.00–19.00.

Essen und Trinken:

Gasthaus Lauberberg, Antoniuskapelle 1, 91315 Höchstadt/Aisch OT Sterpersdorf, Tel. 0 91 63/4 81, www.gasthaus-lauberberg.de, Mo–Do auf Vorbestellung ab 15 Personen, Fr 17.00–21.00, Sa–So und Fei 11.00–20.30.

Extras

Von dem Schloss, in dem Sibylla Weiß gelebt haben soll, sind nicht einmal mehr Grundmauern aufzufinden. Wenn Sie dennoch Lust auf eine Schlossbesichtigung haben, dann fahren Sie doch einfach ins 10 Autominuten entfernte Pommersfelden. Schloss Weissenstein, von Fürstbischof Lothar Franz von Schönborn erbaut, ist ein wahr gewordener Märchentraum in Barock: Schönbornstr. 1, 96178 Pommersfelden, Tel. 0 95 48/9 81 80, www.schoenborn.de (unter »Schloss Weissenstein«), Führungen Apr–Okt tägl. 10.00–17.00, jeweils zur vollen Stunde, letzte Führung um 16.00. Eintritt 7,00 € (ermäßigt 6,00 € / Kinder unter 6 Jahren frei). Parkanlage Mo–Fr 8.00–17.00, Sa–So und Fei 9.30–17.00 frei zugänglich.

Georg Schockel vom Heimatverein- und Verschönerungsverein Höchstadt a. d. Aisch bietet auf Anfrage Führungen auf dem Lauberberg an, Tel. 0 91 93/77 48, www.hvv-hoechstadt.de

Oberfranken

14 Kunigundes Feuerprobe
Das Gottesurteil von Bamberg

Heinrich II. wäre am liebsten ledig geblieben, doch das stand einem Herrscher nicht an. Also folgte er dem Rat seiner Fürsten und nahm Kunigunde von Luxemburg zur Frau, in der frommen Hoffnung, Gott werde ihn dennoch in seiner selbst gewählten Keuschheit bewahren. Da Kunigunde gleichen Sinnes war, gelobte das Paar im Geheimen, niemals das Lager zu teilen, die Welt sollte dies jedoch nicht erfahren.

Mit den Jahren aber gewann Kunigunde das Herz des Kaisers. Weilte er fern von Bamberg, das er ihr als Heiratsgut geschenkt hatte, so sandte er fast täglich einen Boten, um ihr seine Liebe zu versichern. Es dauerte indes nicht lange, da rief das keusche Leben der Kaiserin den Teufel auf den Plan. Er mischte sich in Gestalt eines anmutigen Jünglings unter ihr Gefolge, umwarb sie mit schönen Worten und schlich im Schutz der Nacht zu ihrer Kammer. Doch all sein Werben half nichts, die Türe blieb verschlossen.

Sein Treiben sollte jedoch nicht unbemerkt bleiben. Bald begannen böse Zungen über die Kaiserin und ihren Buhlen zu reden. Unter den Höflingen aber war einer, der Kunigunde insgeheim begehrte. Eifersüchtig begab er sich zu ihrer Kammer, um dem Rivalen aufzulauern. Bald sah er seine düstersten Vermutungen bestätigt, der Jüngling klopfte sacht an Kunigundes Tür. Hasserfüllt zog der Höfling seinen Dolch, um ihn niederzustrecken. Doch obwohl er ihn getroffen hatte, schritt der andere lachend von dannen. Der Höfling lief verstört davon. Weil er sich die Sache nicht erklären konnte, wandte sich sein Zorn gegen die Kaiserin, und er schrieb dem Kaiser, der fern von Bamberg weilte, dass sie einen Buhlen hätte.

Als Heinrich dies las, verfinsterte sich sein Gemüt, sogleich gab er den Befehl zur Umkehr. Die Kaiserin lief ihm freudig entgegen, doch er entbot ihr weder einen Gruß noch nahm er ihre Hand, um sie in die Burg zu geleiten. Die Tage vergingen, doch Heinrich mied Kunigundes Anblick, bis sie ihn bat, ihr zu sagen, was sie ihm angetan habe. Da brach der Zorn des Kaisers so heftig hervor, dass Kunigunde kaum wusste, wie ihr geschah. Wie sehr sie auch ihre Unschuld beteuerte, er schenkte ihr keinen Glauben. »So beruft ein Gericht ein, damit meine Treue bewiesen wird«, forderte sie endlich.

Das Gottesurteil von Bamberg

Das Pfennigwunder und Kunigundes legendärer Gang über die glühenden Pflugscharen

»Glaubt Ihr, ich will die Schande, die Ihr mir zugefügt habt, vor aller Welt bekennen?«, flammte Heinrich auf. »Dann soll ein Gottesurteil erweisen, ob ich schuldig bin«, sagte die Kaiserin mit einem Mal ganz ruhig. »Das kann mir keine Macht der Welt verwehren.«

So ward es denn beschlossen, dass sie barfuß über zwölf glühende Pflugscharen schreiten solle, um ihre Unschuld zu beweisen. Am Tag der Feuerprobe hatte sich zahlreiches Volk am Domplatz versammelt. Die Kaiserin faltete die Hände zum Gebet, dann schritt sie hoch erhobenen Hauptes den Pflugscharen entgegen. »Haltet ein!«, rief da der Kaiser, sich seiner Liebe erinnernd. Doch Kunigunde bat ihn streng, dem Gottesurteil seinen Lauf zu lassen. »Ich will nicht mit dem Makel der Verleumdung durchs Leben gehen«, sprach sie, »denn so wie Ihr mir niemals beigewohnt habt, so hat dies auch kein anderer getan.« Als der Kaiser den Bruch des versprochenen Schweigens vernahm, flammte der Zorn erneut in ihm empor, mit einem Satz war er bei Kunigunde und schlug ihr ins Gesicht. Sie sah ihn nur mit blitzenden Augen an, raffte ihr Kleid und schritt über das glühende Eisen, als sei es eine taufrische Wiese. Als der Kaiser dies sah, fiel er vor ihr auf die Knie, sein Verhalten reute ihn bitterlich. Von diesem Tag des Wunders an hielt er die Kaiserin in Ehren bis zu seinem Tode.

ᛯ Ein sagenhaftes Paar ᛯ

Eifersucht, Jähzorn, Schläge gar – in den Legenden, die sich um das heilige Paar Heinrich und Kunigunde ranken, menschelt es manchmal gewaltig. Der Kaiser war ja auch erblich vorbelastet: Sein Vater ging als

> Paar, vermutlich wegen einer Krankheit Heinrichs, kinderlos blieb. Nach Heinrichs Tod trat Kunigunde als Nonne in ein Benediktinerinnenkloster ein. Ihr Grab befindet sich an Heinrichs Seite im Bamberger Dom.
>
> ## Mit Gott durch Feuer und Wasser
>
> *Gottesurteile wie Kunigundes Feuerprobe hatten ihre Blütezeit zwischen 800 und 1200 n. Chr. Beliebte Verfahren waren der Kesselfang, bei dem man einen Gegenstand aus siedendem Wasser fischen musste, das Tragen eines glühenden Eisens oder die Wasserprobe, die auf dem Glauben basierte, dass Unschuldige sinken, Schuldige jedoch vom Wasser ausgestoßen, also an die Oberfläche getrieben würden. Kurz: Ein Wunder sollte die Schuldfrage klären. Die Wurzeln reichen in vorchristliche Zeit zurück, vergleichbare Rituale sind aus den verschiedensten Kulturen überliefert.*

Ausflugstipp: Auf Kunigundes Spuren durch Bamberg

Ein bisschen herb wirkt die Heilige, von den Jahren gezeichnet, aber sie heißt uns lächelnd willkommen: Kunigundes Standbild auf der Unteren Brücke ist unser Ausgangspunkt für einen Stadtspaziergang auf ihren Spuren. Werfen Sie über die Schulter der Kaiserin einen Blick auf die Fischerhäuser von Klein-Venedig, schauen Sie sich das Alte Rathaus an, das die Bamberger mitten in die Regnitz gebaut haben – dem Bischof zum Trotz, erzählt die Sage, der ihnen keinen Millimeter seines Bodens geben wollte. Und weiter geht es zu Kunigundes Grabmal im Dom, der 1237 eingeweiht wurde. Sein Vorgängerbau, der sogenannte Heinrichsdom, den der Kaiser im Jahr 1004 bauen ließ, ist 1185 abgebrannt. Der prächtige Sarkophag jedoch, von 1499 bis 1513 in der Werkstatt Tilman Riemenschneiders entstanden, hat die Jahrhunderte überdauert. Die Deckplatte zeigt das liegende Kaiserpaar, auf den Seiten sind Szenen aus der Heiligenlegende zu sehen, darunter die Feuerprobe und das Pfennigwunder von St. Stephan.

Zunächst können Sie sich ein Bild davon machen, wie der Dom zu Kunigundes Zeiten aussah. Wir verlassen den Domberg auf der Oberen Karolinenstraße zwischen Alter Hofhaltung und Neuer Residenz und erreichen nach kurzer Zeit St. Jakob, eine romanische Säulenbasilika, die als Abbild des alten Heinrichsdoms gilt. Nun geht es wieder über den Domberg zurück, rechts über das Pfahlplätzchen und durch die Judenstraße zum Stephansberg, wo die von der Kaiserin gestiftete Stephanskirche steht. Der Legende nach durften die Handwerker ihren Lohn aus einer Schale, die Kunigunde hielt, entnehmen, wie es das Relief am Kaisergrab zeigt – keiner konnte jedoch mehr Pfennige ergreifen, als er verdient hatte.

Über den Oberen Stephansberg gelangen Sie am Ende zu den berühmten Kellern der Bamberger Brauereien, den auf den Lagerkellern eingerichteten Biergärten, wo das legendäre Rauchbier, eine Brotzeit und dazu ein herrlicher Blick über die Stadt winken.

Gisela Lipsky

Das Standbild der Kaiserin auf der Unteren Brücke, im Hintergrund Klein-Venedig

Anfahrt

ÖPNV: Vom Bamberger Bahnhof (bspw. zu erreichen mit dem Zug R 2 / S 1) fahren viele Stadtbusse zum Zentralen Omnibusbahnhof (ZOB) in der Innenstadt.

Kfz: Auf der A 73 bis Ausfahrt Memmelsdorf und weiter über die Memmelsdorfer Str., am Bahnhof vorbei Richtung Altstadt. In der Altstadt-Tiefgarage parken.

Information

Bamberg Tourismus & Kongress Service, Geyerswörthstr. 5, 96047 Bamberg, Tel. 09 51/2 97 62 00, www.bamberg.info

Besonderheit

Ende Aug tobt die Sandkerwa, das traditionelle Bamberger Volksfest, in den Gassen unterhalb des Domes und der Inselstadt. Höhepunkt ist das historische Fischerstechen vor der Kulisse »Klein-Venedigs«. Den Abschluss bildet ein großes Feuerwerk. Weitere Informationen auf www.sandkerwa.de

Essen und Trinken

Einer der schönsten Bierkeller ist der *Spezial-Keller*, Sternwartstr. 8, 96049 Bamberg, Tel. 09 51/5 48 87, Di–Fr ab 15.00, Sa ab 12.00, So und Fei ab 10.00. Warme Küche tägl. bis 21.30 (So und Fei erst ab 11.30), www.spezial-keller.de

Extra

Tipp für Fotografen: Den besten Blick auf die Obere Brücke und das Alte Rathaus hat man vom flussaufwärts gelegenen Steg, der die Sandstadt mit Geyerswörth verbindet.

Höllische Helfer   15
Vom Bau der Walburgiskapelle

Bei ihren Wanderungen kam die fromme Walburga eines Tages auch nach Kirchehrenbach und machte sich von dort aus auf, die Ehrenbürg zu besteigen. Immer wieder hielt sie inne, um die herrliche Aussicht zu genießen, die sich ihr bei jeder Wegkehre bot. Wie angetan war die Missionarin aber erst, als sie auf dem Tafelberg anlangte! Oben erstreckten sich weite Wiesen, die, durch Felsen begrenzt, steil ins Tal abfielen. Es war ihr, als müsse sie nur ihre Arme ausbreiten und sie könnte über das fruchtbare Land fliegen wie ein Vogel, um dann mit dem Wind aufzusteigen bis zu den Wolken. Nie hatte sich Walburga ihrem Schöpfer näher gefühlt! Lange Zeit stand sie am Rande des Berges und vergaß fast die Zeit. Erst als die Sonne sich senkte, machte sie sich auf den Rückweg. Nicht aber, ohne einen Entschluss gefasst zu haben: Hier auf der Ehrenbürg wollte sie eine Kapelle bauen.

Als man in Kirchehrenbach von Walburgas Plan hörte, gab es ein großes Getuschel. Wusste die fromme Frau denn nicht, dass auf der Ehrenbürg seit Menschengedenken die Geister und Hexen zusammenkamen? Selbst der Pfarrer beschwor Walburga, von ihrem Vorhaben abzulassen. Wenn man die dunklen Mächte störte, so sagte er, könne das nur Leid und Verderben über die Gemeinde bringen.

Walburga aber war keine Frau, die sich leicht beirren ließ. »Steht erst einmal eine Kirche auf dem Berg«, so beschied sie dem ängstlichen Pfaffen, »werden die dunklen Mächte ein für alle Mal gebannt sein.«

Da Walburga guten Lohn in Aussicht stellte, fand sie alsbald auch einige Männer, die ihr helfen wollten, mit dem Bau der Kirche zu beginnen. Doch kaum war der erste Stein gelegt, verfinsterte sich der Himmel. In Windeseile zogen Wolken auf, aus denen Hexen, Dämonen und allerlei gräuliche Gespensterwesen sprangen. Sie schrien und fluchten, spien Feuer, sausten wild um den Tafelberg herum, rissen gewaltige Gesteinsbrocken aus dem Fels und bewarfen Walburga und ihre Helfer damit. In Todesangst rannten die Männer so schnell sie konnten den Berg hinab. Walburga aber stand aufrecht inmitten der teuflischen Schar, faltete die Hände und kniete zu Boden. »Herr«, sprach sie mit fester Stimme, »lass mich dieses Gotteshaus zu deiner Ehr vollenden. Bannen will ich diese Geister, auf dass sie dir ergeben sind für alle Zeiten.«

Da erstrahlte aus ihren Augen ein so gleißendes Licht, dass die Dämonen geblendet zu Boden fielen. »Erhebt euch und seid mir untertan, bis dass auf diesem Platz ein Kirchlein stehe«, befahl Walburga. Und tatsächlich: Die bösen Geister erhoben sich und begannen sogleich mit dem Bau der Kirche. Zwei Tage und zwei Nächte schichtete die Höllenmeute Stein auf Stein, und am Morgen des dritten Tages war das Gotteshaus vollendet. Als Walburga sah, dass alles gut war, schenkte sie ihren unfreiwilligen Helfern für die erste Nacht im Mai ihre Freiheit wieder. Seitdem feiern die Hexen und Teufel einmal im Jahr auf der baumlosen Hochebene, die im Gedenken an Walburga auch »Walberla« genannt wird, ihre ausgelassenen Feste.

> ### ꝸ Die heilige Walburga und ihre Brüder ꝸ
>
> *Walburga wurde im Jahre 710 als Tochter des englischen Königs Richard geboren und kam um 750 mit ihren Brüdern Willibald und Wunibald nach Mainz, wo sie von Bonifatius den Missionsauftrag erhielt. Während Willibald zum ersten Bischof von Eichstätt berufen wurde, gründete Wunibald in Heidenheim ein Kloster. Dieses erbte Walburga nach seinem Tod 762 und war damit eine der wenigen Frauen, die je einem Männerkloster vorstand. Gleichzeitig gründete sie mit ihren Begleiterinnen auch einen Frauenkonvent, womit Heidenheim zum ersten Doppelkloster auf deutschem Boden wurde. 779 starb sie in Heidenheim, am 1. Mai 870 wurde sie heilig gesprochen, neun Jahre später ließ man ihre Gebeine nach Eichstätt überführen. Besonders verehrt wurde Walburga als Schutzpatronin aller Hilfesuchenden und fürsorgliche Beraterin von Schwangeren und Müttern. Unter ihrer Grabstätte sammelt sich seit Jahrhunderten eine Flüssigkeit – wahrscheinlich Kondenswasser –, der heilende Wirkung zugeschrieben wird.*

Ausflugstipp: Aufstieg aufs Walberla

Natürlich können Sie Walburga einen Besuch abstatten. Sie müssen nur auf einem der bequemen und gut beschilderten Wanderwege von Kirchehrenbach, Schlaifhausen, Leutenbach oder Wiesenthau aus die Ehrenbürg besteigen, die aus dem 532 Meter hohen Rodenstein und dem 512 Meter hohen Walberla besteht. Besonders eindrucksvoll ist der Aufstieg im Mai, wenn rund um »Frankens Akropolis« Tausende von Kirschbäumen blühen. Der Tafelberg wurde, wie archäologische Funde beweisen, bereits in der Bronzezeit besiedelt. Die Kelten errichteten einen riesigen Wall rund um das Plateau, Teile der Befestigungsanlagen sind heute noch erkennbar.

Vom Bau der Walburgiskapelle

Unerschrockene Missionarin: die heilige Walburga

Die Ehrenbürg mit der weithin sichtbaren Walburgiskapelle

Die Walburgiskapelle wurde Mitte des 17. Jahrhunderts von Bürgern aus Wiesenthau und Schlaifhausen zu Ehren der heiligen Walburga errichtet. 1697 fand die erste Messe statt. Eine wertvolle Statue der Walburga sowie Statuen ihrer Brüder Willibald und Wunibald wurden 1962 geraubt und nie wieder gefunden. Heute ist die kleine Kirche nur an wenigen Tagen im Jahr geöffnet. Vor ihrem Eingang steht eine bronzene Statue der Walburga. Jahrhundertelang pilgerten Gläubige am 1. Mai zur Kapelle. Seit 1911 ist es feste Tradition, dass das Walberlafest immer am ersten Wochenende im Mai gefeiert wird.

Gaby Ullmann

Anfahrt

ÖPNV: Mit der Regionalbahn R 2 / S 1 bis Forchheim, dann mit der R 22 oder Bus 222 bis Kirchehrenbach.
Kfz: Auf der A 73 bis Ausfahrt Forchheim-Süd, dann auf der B 470 bis Kirchehrenbach.

Informationen

Verwaltungsgemeinschaft Kirchehrenbach, Hauptstr. 53, 91356 Kirchehrenbach, Tel. 0 91 91/7 98 90, www.vg-kirchehrenbach.de
Informationen zum Walberlafest auf www.walberlafest.de

Besonderheit
Die Wanderwege am Walberla sind sehr bequem zu gehen, dennoch erfordert der ca. 45-minütige Aufstieg etwas Kondition.

Essen und Trinken
Um Bamberg und Forchheim herrscht die größte Brauereidichte der Welt. Eine besondere Attraktion sind die alten Lagerkeller, in denen man sich zum Umtrunk mit Brotzeit trifft. Ein ganzer »Kellerwald« liegt bei Forchheim, dort findet jedes Jahr um den 26. Juli auch das 10-tägige Annafest statt. Die Anfahrt ist ausgeschildert, für Parkplätze ist gesorgt.

Einen Bierkeller-Führer mit Übersichtsplan und Informationen zur Bier- und Brautradition der Region erhalten Sie kostenfrei bei der Tourist-Information Forchheim, im Rathaus, Hauptstr. 24, 91301 Forchheim, Tel. 0 91 91/71 43 37. Die Broschüre gibt es auch zum Download auf der Website www.forchheim.de (unter »Kunst & Kultur« > »Highlights« > »Annafest«).

Extra
Rund ums Walberla befindet sich das größte Kirschenanbaugebiet Deutschlands. Alljährlich Mitte Jul veranstaltet die Marktgemeinde Pretzfeld über ein verlängertes Wochenende das beliebte Kirschenfest. Weitere Informationen auf www.kirschenfest-pretzfeld.de oder bei der Marktverwaltung Pretzfeld, Hauptstr. 3, 91362 Pretzfeld, Tel. 0 91 94/7 34 70, www.pretzfeld.de (unter »Tourismus« > »Kirschenfest«).

16 Ein böses Omen
Der Leutenbacher Orakelbrunnen

Von überall her waren die jungen Männer und Frauen zur Kirchweih nach Leutenbach gekommen, um ausgelassen zu singen und zu tanzen, zu schmausen und zu trinken. Schon ging es auf Mitternacht zu, als ein forscher Bursche auf die Idee kam, zum Moritzbrunnen zu wandern, um dort das Schicksal zu befragen. Der Brunnen war nämlich seit alters als Orakelbrunnen bekannt. Warf man ein Hölzchen in sein Wasser und es schwamm auf der Oberfläche, so bedeutete dies, dass einem ein langes und gesundes Leben bevorstand. Ging das Hölzchen aber unter, so verhieß das den baldigen Tod.

Unter der fröhlichen Schar war auch die Tochter des Schulzen (Gemeindevorsteher). Wie alle anderen warf sie ein Hölzchen in den Brunnen. Doch Heilige Mutter Maria! – es ging unter. Weinend lief das Mädchen nach Hause. Leise trat die Großmutter, die ihr Schluchzen vernommen hatte, an ihre Bettstatt. »Was ist dir, Kind?«, fragte sie, und das Mädchen erzählte verstört, was geschehen war. »Sei nicht verzagt«, sagte da die Alte. »Es gibt Abhilfe gegen das, was dir widerfahren soll.« In der Nacht zum Ostersonntag, so ihr Rat, müsse das Mädchen zum Brunnen pilgern. Wenn der Mond genau über dem Kirchturm der nahen Kapelle stünde, würde sich das Wasser in Wein verwandeln. »Diesen Wein«, sprach die Großmutter, »sollst du in kleinen Schlucken trinken. Dann wird sich dein Schicksal zum Guten wenden. Aber du musst unerschrocken und frommen Herzens sein. Denn in dieser Nacht geschehen oft fürchterliche Dinge. Selbst vor Luzifer bist du nicht gefeit.«

Als sich der Karsamstag seinem Ende zuneigte, ging das Mädchen also zum Dorf hinaus und durch den dichten Wald zum Brunnen. Tief im Gebet versunken kniete sie vor der Quelle, bis schließlich der Mond über der Kirchturmspitze stand. Gerade hatte die Jungfrau ihr Krüglein ins Wasser getaucht, da zog ein gewaltiger Sturm auf. Die Bäume beugten sich bis zum Boden, die Erde erzitterte, und vom Friedhof her tönte ein schrilles Kreischen und Jammern – es war, als ob die Toten aus ihren Gräbern gekommen wären, um das Ende der Welt zu beklagen. Bleich vor Entsetzen betete die Maid das Vaterunser und setzte den Krug an ihre zitternden Lippen. Wie die Großmutter gesagt hatte, war das Wasser zu Wein geworden. Und kaum hatte die Schulzentochter den ersten Schluck genommen, da legte sich der Sturm, das Kreischen

Der heilige Moritz (auch Mauritius), ein zum Christentum bekehrter römischer Legionär

und Jammern hatte ein Ende und der Mond stand wieder am klaren Himmel über der Kirche. Frohen Mutes machte sich das Mädchen auf den Heimweg. Doch sie war erst wenige Schritte gegangen, da stand ein schmucker Jägersmann vor ihr. »Komm, lass uns tanzen im Mondenschein«, flötete er und starrte das Mädchen aus glühenden Augen an. In letzter Sekunde, gerade als sie seinen Arm nehmen wollte, sah sie etwas, das ihr das Blut in den Adern gefrieren ließ: Der Jäger hatte einen Pferdefuß!

Die Schulzin stieß einen gellenden Schrei aus. »Schrei nur so laut du kannst«, höhnte da Luzifer. »Es wird dich niemand hören. Fortan gehörst du mir!« Mit letzter Kraft drehte sich das Mädchen zurück zum Brunnen und rief: »Heiliger Moritz, so hilf du mir!« Sogleich stand der Heilige vor dem Satan, richtete seine Lanze auf ihn und rief: »Fahr

Blick in die Zukunft gefällig? Der Moritzbrunnen soll prophetische Kräfte besitzen.

zurück zur Hölle, Sohn der Dunkelheit.« Der Satan stampfte mit dem Pferdefuß auf, spie Gift und Galle und verschwand mit lautem Fluchen in der Erde, die sich unter ihm auftat. Das Mädchen sank ohnmächtig zu Boden. In derselben Sekunde aber erwachte ein Leutenbacher Bursche, der der Schulzentochter seit Langem von Herzen zugetan war. Er hatte das Mädchen im Traum im Wald liegen sehen und machte sich sofort auf, sie zu suchen. Als er sie gefunden hatte, trug er sie nach Hause, wo sie bald aus ihrer Ohnmacht erwachte. Ein Jahr darauf wurde Hochzeit gefeiert , und wieder ein Jahr später wurde dem Paar ein Sohn geboren. Aus Dankbarkeit dem Heiligen gegenüber nannten sie ihn Moritz.

❧ Vielseitiges Wunderwasser ☙

Dass der Orakelbrunnen magische Kräfte hat – kein Leutenbacher würde das bestreiten. Noch heute gehen alte Frauen zur Quelle hinaus, um ein Fläschchen des Wunderwassers abzufüllen, das gegen Hautkrankheiten und Augenleiden helfen soll. Nur trinken darf man es nicht, das könnte Unheil bringen. Auch prophetische Fähigkeiten soll der Brunnen haben. Machen Sie den Test: Werfen Sie ein Stückchen Holz hinein und stellen Sie eine Frage. Schwimmt es oben, wird sich alles zum Guten wenden, geht es aber unter, kommen schwierige Zeiten auf Sie zu. Vergessen Sie nicht, vor der Fragestellung den heiligen Moritz anzurufen, der als kleine Statue den Brunnen bewacht!

❧ Weltweit populär: St. Moritz ☙

Moritz, wegen seiner angeblichen Abstammung aus Mauretanien in Nordafrika auch Mauritius genannt und daher oft als »Mohr« dargestellt, war der Legende nach Anführer von zum Christentum übergetretenen römischen Legionären. Weil er sich weigerte, den alten Göttern zu opfern, wurde er auf Geheiß von Kaiser Maximian im Jahr 300 hingerichtet. St. Moritz gilt als Schutzheiliger des Heiligen Römischen Reiches Deutscher Nation. Eine Vielzahl von Ortschaften, Kirchen und sogar Gaststätten in aller Welt haben ihn als Schutzpatron auserkoren.

Ausflugstipp: Hundshaupten – wilde Tiere und barocke Schlossromantik

Ein Abstecher zum Moritzbrunnen lässt sich herrlich verbinden mit einer Wanderung nach Hundshaupten. Von Leutenbach aus führt die Wandermarkierung »blauer Ring« bis zum Moritzbrunnen, der etwa einen Kilometer außerhalb an einem kleinen Waldparkplatz rechts der Straße nach Egloffstein steht.

Von dort aus geht es mit dem »grünen Schrägstrich« weiter nach Hundshaupten. Hier findet sich im Wildpark eine Art Fränkische Schweiz in Miniaturformat. Im Tal plätschert ein Bächlein, an den Hängen zwischen hoch aufragenden Felsen wachsen Buchen, Ahorne und Fichten und zwischendrin geht's tierisch zu – im wahrsten Sinn des Wortes (und am Wochenende manchmal auch im übertragenen Sinn). Auf dem Naturlehrpfad hinauf zum Breitenstein, von dem aus man einen wunderbaren Blick ins Trubachtal hat, begegnen dem Besucher Wisente und Damwild, gelenkige Gämsen, freche Ziegen, Wildschweine, Eulen und fröhlich schnatternde Enten. Viele von ihnen fressen den Besuchern aus der Hand, was besonders die kleinen Tierfreunde entzückt.

Doch Hundshaupten hat nicht nur Natur zu bieten, sondern auch Geschichte. Schloss Hundshaupten, vermutlich im 14. Jahrhundert errichtet, präsentiert sich nach mehreren Zerstörungen, Wiederaufbauten und Eigentümerwechseln als barockes Schmuckkästchen. Da es seit 2005 von seinen Besitzern wieder privat genutzt wird, kann es leider nur noch von außen besichtigt werden. Zurück nach Leutenbach geht es dann mit dem »gelben Kreuz«.

Gaby Ullmann

INFO

Anfahrt

ÖPNV: Vom Bahnhof Forchheim (zu erreichen mit Zug R 2 / S 1) mit Buslinie 223 nach Leutenbach.

Kfz: Auf der A 73 bis Forchheim-Süd, an der ersten Ampel rechts, über die Bahntrasse Richtung Gosberg und weiter nach Kirchehrenbach bis Leutenbach. Oder A 9 bis Ausfahrt Schnaittach, über Hiltpoltstein und Obertrubach weiter nach Egloffstein bis Leutenbach.

Informationen

Wildpark Hundshaupten, Hundshaupten 62, 91349 Egloffstein, Tel. 0 91 97/2 41 (Büro) oder 0 91 97/3 96 (Kasse), www.hundshaupten.de, Apr–Okt tägl. 9.00–18.00, Nov–März 9.00–17.00. Eintritt 4,00 € (ermäßigt 3,00 € / Kinder von 5–17 Jahren 2,00 €).

Essen und Trinken

Beste fränkische Spezialitäten – Brotzeiten, knusprige Schäufele, süffiges Bier und selbst gebrannten Schnaps – gibt es hier:

Brauerei-Gasthof Drummer, Dorfstr. 10, 91359 Leutenbach, Tel. 0 91 99/4 03, www.brauerei-gasthof-drummer.de, Gaststube Di–Fr 11.00–14.30 und 17.00–22.30, Sa–So 11.00–22.30, Biergarten (im Sommer und bei schönem Wetter) Fr–So 17.00–22.30.

Brauerei und Gastwirtschaft Alt, Dietzhof 42, 91359 Leutenbach, Tel. 0 91 99/2 67, www.brauerei-alt.de, Di–Fr 17.00–23.00, Sa 16.00–23.30, So 11.30–23.30. Warme Küche Mi und Fr ab 18.00, So ab 11.30.

Im Wildpark können Sie picknicken. Im Eingangsbereich bietet eine Gaststätte mit Biergarten aber auch kleine Stärkungen an, Tel. 0 91 97/69 77 59.

Extra

Von Leutenbach aus lassen sich auch schöne Wanderungen aufs Walberla (Fundort Nr. 15) machen.

17 Steinharte Strafe
Der Höhlengeist im Frauenstein

Lange schon litt das Land unter dem verheerenden Krieg. Mit ihren Speeren und Lanzen fielen die Reiterscharen der Ungarn über Dörfer und Städte her, plünderten und brandschatzten, schlachteten Männer ab, die sich um Gnade flehend in den Staub warfen, schändeten die Frauen und machten nicht einmal vor den Kindern halt. Auch der kleine Marktflecken Egloffstein blieb von den wilden Horden nicht verschont. In panischem Entsetzen flohen die Menschen aus dem Dorf und suchten Schutz in den zahlreichen Höhlen.

Nun lebte etwas außerhalb von Egloffstein ein ehrbarer und gutherziger Bauer. Reich war er auch, weil seine Frau ein großes Vermögen mit in die Ehe gebracht hatte. Die Frau war eine rechte »Bissgurrn«, geizig bis dorthinaus und starrköpfig obendrein. Alles, was ihr Mann wollte, wollte sie gerade andersrum. Und so verwundert es nicht, dass sie sich wütend widersetzte, als ihr Mann sie drängte, vor den Ungarn zu fliehen. »Weib«, sprach er mit Engelszungen, »siehst du denn nicht, dass der Tod schon beinah vor der Türe steht? Wir müssen fliehen, wenn uns unser Leben lieb ist.« Die Bäuerin sah ihn mit funkelnden Augen an: »Glaubst du, ich lasse Haus und Hof zurück, um dann dazustehen wie der ärgste Hungerleider? Ich denk nicht daran.«

Der Bauer sah ein, dass er seiner Frau mit guten Worten nicht beikam, doch er war zu anständig, um sie dem sicheren Verderben zu überlassen. Also ersann er einen Plan. Nachts belud er den Pferdekarren bis obenhin mit Truhen voller Leinen und Spitzen, Schmuck und edlem Geschirr. Er schleppte Säcke mit Hafer und Buchweizen, Fässer mit Wein und Bier, ganze Schinken und reichlich Gesottenes, Brotlaibe und Käse und machte sich damit auf zum hinteren Rabenstein, wo er im Felsen ein sicheres Versteck wusste.

Als die Bäuerin erwachte und sah, dass die Speisekammer leer geräumt und alle Truhen verschwunden waren, wollte sie gerade zu einer gewaltigen Schimpftirade ausholen, als eine Schar Ungarn den Weg herangaloppiert kam. Gerade noch rechtzeitig schafften es der Bauer und seine Frau, aus der Hintertür zu entwischen und zum Rabenstein zu flüchten. Dort führte der Bauer seine Frau in die Höhle, und als sie sah, was er alles mitgebracht hatte, war sie dies eine Mal froh um ihren Mann. Viele Wochen lang lebten die Eheleute im Schutz des Felsens,

Der Höhlengeist im Frauenstein

und sie brauchten nicht zu darben. So gab das zänkische Weib eine Weile Ruhe, doch mit der Zeit wurde sie unruhig.

»Nicht zu wissen, was mit dem Hof passiert ist, bringt mich noch um«, klagte sie. »Geh und sieh endlich nach dem Rechten.« So lange redete sie auf den guten Mann ein, bis er schließlich nachgab. Kaum aber war der Bauer gegangen, stand wie aus dem Nichts ein gebrechliches Männlein in zerschlissenem Rock in der Höhle. »Gute Frau«, bat

Dörfliches Leben am Fuße der Burg Egloffstein (Stich aus dem späten 19. Jahrhundert)

er mit zittriger Stimme, »habt Ihr nicht ein Stückchen Fleisch und ein Seidlein Bier für mich?«

»Was wagst du zu verlangen?«, höhnte da die Bäuerin. »Bist ein Haderlump und Tagedieb und willst Fleisch und Bier?«

»So gebt mir wenigstens einen Kanten hartes Brot«, beharrte der Alte.

»Keinen Bissen hab ich übrig«, zeterte das Weib. »Scher dich zum Teufel!«

Kaum war ihr letztes Wort verhallt, da gab es einen Donnerschlag und Blitze zuckten durch die Höhle. Der alte Mann verschwand und verwandelte sich zurück in den Höhlengeist, der er war. »Du hast ein Herz aus Stein«, polterte er. »So sollst auch du zu Stein werden!«

Und wirklich, als der Bauer zurück in das Versteck im Rabenstein kam, um seiner Frau vom Abzug der Ungarn zu berichten, fand er sie und all ihre Habe zu Stein verwandelt. Seither und für alle Zeiten steht die böse Bäuerin als Mahnmal gegen Hartherzigkeit in der Höhle, die jetzt Frauenhöhle heißt.

❧ Besuch in der fränkischen Unterwelt ❦

Im Karstgestein der Fränkischen Schweiz finden sich unzählige Höhlen, in denen die Menschen in Kriegszeiten immer auch Schutz vor den Aggressoren suchten. Dass die Höhlen schon in grauer Vorzeit bewohnt waren, beweisen beispielsweise die Funde aus der Dietersberger Höhle bei Egloffstein. Dort fand man Schmuck, Fayence-Perlen, bronzene Armreifen, Stöpsel-Hohlringe, Arm- und Fußringe, eine eiserne Lanzenspitze und eine unverzierte Tonschale ebenso wie Schädel und Knochen von Menschen und Tieren. Fast alle Funde stammen aus der Hallstattzeit (750–450 v. Chr.) und der La-Tène-Zeit, dem zweiten Abschnitt der europäischen Eisenzeit, etwa ab 450 v. Chr. Der Dietersbergschacht ist wie die Frauenhöhle nicht frei zugänglich. Wenn Sie aber dennoch Lust auf einen Ausflug in die Unterwelt Frankens haben, gibt es zahlreiche andere Möglichkeiten. Besonders eindrucksvoll sind die Teufelshöhle bei Pottenstein, die Binghöhle bei Streitberg oder die Sophienhöhle im Ailsbachtal.

Die Frauenhöhle ist heute noch bewohnt – von einer Kolonie Fledermäuse.

Ausflugstipp: Wanderung zur Frauenhöhle und zur Burg Egloffstein

Ausgangspunkt ist der Wanderparkplatz am südlichen Eingang der Marktgemeinde Egloffstein. Von hier geht es durch die Badstraße, über die zwei kleinen Trubachbrücken und über die Talstraße. Am *Gasthof zur Post* links vorbei durch das Heidgäßchen bis zum Marktplatz. Folgen Sie nun dem »blauen Ring« hinaus zum Rabensteiner Forst. Nach etwa einer halben Stunde erreichen Sie die Frauenhöhle mit dem Frauenstein. Die Höhle hat drei Eingänge und ist auch heute noch bewohnt – von einer Kolonie Fledermäuse. Aus Gründen des Artenschutzes kann sie deshalb nicht besichtigt werden. Ein kleiner Blick mit der Taschenlampe ist aber erlaubt. Im mittleren Eingang befindet sich ein großer Gesteinsbrocken mit zwei Wölbungen – die versteinerte Bäuerin. Der markierte Rundweg führt schließlich zurück nach Egloffstein, wo sich ein Abstecher zur Burg anbietet, die hoch über dem Trubachtal auf einer Felsenspitze thront. Der Stammsitz der Grafen von und zu Egloffstein soll bereits im 11. Jahrhundert gegründet worden sein. Er wurde häufig zerstört und nach dem Dreißigjährigen Krieg stark verkleinert. Die Burg kann nach Anmeldung von Gruppen ab 10 Personen besichtigt werden.

Gaby Ullmann

Anfahrt

ÖPNV: Mo–Fr mit der Bahn R 2 / S 1 bis Forchheim und mit der Buslinie 222 bis Egloffstein. Sa–So mit der Bahn R 21 (»Gräfenbergbahn«) vom Nürnberger Nordostbahnhof aus bis Gräfenberg und weiter mit dem »Trubachtal-Express« Bus 229 (verkehrt nur 1. Mai–1. Nov Sa–So und Fei) oder per Anruflinientaxi (nach Voranmeldung unter Tel. 0 91 91/86 26 11).

Kfz: Über die B 2 nach Gräfenberg, links ab nach Egloffstein. Am besten nutzen Sie die Wanderparkplätze am Ortseingang.

Informationen

Tourist-Information Egloffstein, Felsenkellerstr. 20, 91349 Egloffstein, Tel. 0 91 97/2 02, www.egloffstein.de
Burg Egloffstein, Tel. 0 91 97/87 80, www.burg-egloffstein.de

Essen und Trinken

Gasthof zur Post, Talstr. 8, 91349 Egloffstein, Tel. 0 91 97/5 55, www.gasthofzurpost-egloffstein.de, Di–So 11.00–21.00.

Gasthof Schloßblick, Mostviel 4, 91349 Egloffstein, Tel. 0 91 97/2 97, Wintersaison Do–So und Fei 11.00–21.00, Sommersaison Di–So und Fei 11.00–21.00. Durchgehend warme Küche. Frische Forellen und eigene Metzgerei. Mit Gartenterrasse.

Extras

Höhlenabenteuer mit Taschenlampe (und alter Kleidung!) bietet beispielsweise der Veranstalter »Aktiv Reisen«, Forchheimer Str. 14, 91346 Muggendorf, Tel. 0 91 96/99 85 66, www.aktiv-reisen.com

Unter dem Motto »Über und unter der Erde« kann man von Muggendorf aus auf eigene Faust vier Höhlen erkunden. Der »Muggendorfer Höhlenweg« ist ca. 5 km lang und auch für Familien geeignet. Alles Wissenswerte dazu über die Tourist-Information Muggendorf/Streitberg, Forchheimer Str. 8, 91346 Wiesenttal, Tel. 0 91 96/92 99 31 oder auf www.wiesenttal.de (unter »Tourismus« > »Wandern und Sport« > »Über und unter der Erde«).

Teufelshöhle Pottenstein, Schüttersmühle 5, 91278 Pottenstein, Tel. 0 92 43/2 08 (Zweckverband Teufelshöhle),

www.teufelshoehle.de, Beginn bayer. Osterferien–Ende
Herbstferien tägl. 9.00–17.00, Winterhalbjahr So
11.00–15.00, 26. Dez–6. Jan tägl. 11.00–15.00.
Binghöhle, Streitberg, 91346 Wiesenttal, Tel. 0 91 96/3 40 oder
0 91 96/92 99 31 (Tourist-Information Muggendorf/Streit-
berg, www.wiesenttal.de), www.binghoehle.de,
Ende März–Anfang Nov Mo–Do und Sa–So und Fei
10.00–17.00, in den bayer. Ferien auch Fr 10.00–17.00.
Sophienhöhle, 95491 Ahorntal, an der Verbindungsstraße
Bayreuth–Gößweinstein, zwischen Kirchahorn und
Oberailsfeld, Tel. 0 92 02/9 70 04 40 (Burg Rabenstein Event
GmbH), www.ahorntal.de oder www.burg-rabenstein.de
Führungen Apr–Okt Di–So und Fei 10.30–17.00. Eintritt
5,00 € (ermäßigt 3,00 €).
»Sophie at Night« (mit Musik und Lightshow) Mai–Sep Sa
18.00–20.00. Eintritt 8,50 € (ermäßigt 5,00 €).
Für Gruppen nach Vereinbarung auch zu anderen Zeiten
möglich. Weitere Informationen siehe Fundort Nr. 20.

18 Der letzte Tanz
Die Nymphen von den Stempfermühlquellen

Die Stempfermühlquellen im Wiesenttal unterhalb von Gößweinstein waren einst das Reich dreier Nymphen. In schönen Sommernächten entstiegen die Jungfrauen dem kühlen Quellgrund und mischten sich unter die Sterblichen. Ihr Kommen und Gehen unterlag jedoch einer überaus strengen Vorschrift, dem Gesetz der Tiefe. Noch vor dem ersten Hahnenschrei mussten die Nymphen wieder in ihr unterirdisches Wasserreich zurück, sonst waren sie unrettbar verloren.

Eines Tages feierte der Schlossherr in Gößweinstein die Verlobung seiner einzigen Tochter mit einem Grafen aus dem Steigerwald. Gäste aus nah und fern waren zu diesem Fest geladen und auf der Burg erschienen. Nach der Abendtafel tanzte die Gästeschar, das Brautpaar an der Spitze, zu Pfeifen- und Schalmeienklang. Ihre fröhlichen Stimmen, das Gelächter und die mitreißende Musik klangen weit in die Nacht hinaus.

Von den festlichen Klängen angelockt, traten auf einmal drei wunderschöne Mädchen in den Rittersaal. Sie trugen weiße Kleider, mit grünen Bändern verziert, ihre blonden Haare fielen wie goldene Mäntel über ihre Schultern, und ihre zierlichen Füße steckten in seegrünen Schuhen. Anmutig schritten die Schönen durch die Reihen der überraschten Gäste, und es dauerte nicht lange, bis man sie zum Tanz aufforderte. Bald blieb ihnen kaum noch Zeit für eine kurze Pause, so begehrt waren sie bei den Rittern und Edelleuten.

Die Jüngste und Schönste von ihnen aber tanzte zuletzt nur noch mit ein und demselben jungen Ritter, dem man schon von Weitem ansehen konnte, dass er sein Herz an das Mädchen in seinen Armen verloren hatte. Immer wieder bedrängte er sie, ihm doch zu verraten, wie sie heiße und woher sie komme. Doch sie wich ihm aus.

Stunde um Stunde verrann, der Morgen nahte schon, da hörte man aus dem Burghof den ersten Hahnenschrei. Entsetzt lösten sich die drei Jungfrauen aus den Armen ihrer Tanzpartner und flohen so schnell sie konnten aus der Burg. Der junge Ritter jedoch, bestürzt über den plötzlichen Abschied, folgte ihnen. Er sah die drei Schönen in Windeseile den Berg hinabeilen. Rasch lief er ihnen nach. Doch als er zur Stempfermühle kam, sah er sie in den Quellen untertauchen und verschwinden. Als er aber näher trat und in das Wasser blickte, wallte aus dem Quellengrund ein roter Blutstrom auf. Erschrocken und zugleich voller Trauer kehrte er zurück zur Burg Gößweinstein.

So sehr er in der folgenden Zeit auch nach seiner Liebsten suchte und fragte, sie wurde niemals wiedergesehen. Denn die drei Nymphen hatten das alte Gesetz der Tiefe gebrochen. Sie waren erst nach dem ersten Hahnenschrei zu ihren Quellen zurückgekehrt und damit unrettbar verloren.

... und ewig lockt die Wasserfee. (Holzschnitt aus dem 16. Jahrhundert)

❧ Nymphen, Nixen und Undinen ☙

In Mythen und Sagen gelten die Geschöpfe der Wasserwelt seit jeher als zauberhafte Wesen. Man schreibt ihnen betörende Schönheit zu, doch Meerjungfrauen und Melusinen, Nixen, Nymphen, Najaden, Undinen und wie sie alle heißen sind mit Vorsicht zu genießen – wie ihr Element, das Wasser, das lebensspendend und todbringend zugleich sein kann. Nymphen werden oft als Verführerinnen dargestellt, daher das Wörtchen »nymphoman«. Berüchtigt sind auch die honigsüßen Gesänge der Sirenen und der Loreley, die schon so manchen Seemann das Leben gekostet haben sollen. Quellnymphen (Najaden) sind den Menschen in der Regel wohlgesonnen. Sollte sich jedoch ein attraktiver, junger Mann in ihre Gefilde wagen, so kann es geschehen, dass ihn die Nymphe nicht mehr gehen lässt – eine tödliche Liaison!

❧ Die Stempfermühle – ein viel gerühmtes Idyll ☙

Die drei Quellen, die nach kurzem Weg in die Wiesent münden, wurden schon von Viktor von Scheffel besungen, der 1859 in der Stempfermühle rastete. Bereits damals lockte die damit verbundene Gastwirtschaft die Sommerfrischler an. Die romantische Lage galt als unübertroffen: Der von Baumkronen überschattete Biergarten am Wasser (heute eine Terrasse), die grünen Wiesen ringsum, die malerischen Felsen und hoch über der Mühle die weißen Zinnen von Burg Gößweinstein vereinigten sich zu einem viel gerühmten Idyll. All das ist heute noch so, nur die alte Mühle gibt es nicht mehr. In den letzten Tagen des Zweiten Weltkrieges ging sie in Flammen auf.

Ausflugstipp: Von der Stempfermühle nach Gößweinstein

Auch wenn wir Normalsterblichen dabei etwas außer Atem geraten, lohnt es sich, auf den Spuren der drei Nymphen zu wandern – schon weil der Aufstieg nach Gößweinstein durch eine großartige Felskulisse führt. Von der Stempfermühle führt ein ausgeschilderter, mit »Frankenweg« markierter Pfad in großen Serpentinen nach rechts durch das Naturwaldreservat »Eibenwald« bergauf, vorbei an der schmal aufragenden »Napoleonswand«. Auf dem oberen Weg steigen Sie durch die eindrucksvollen Felsen der »Schmitt-Anlage« über den Marienfelsen zur Burg Gößweinstein, ehemals »Gozwins Stein«, eine der ältesten Burgen der Fränkischen Schweiz (die romantischen Zinnen stammen

Die Nymphen von den Stempfermühlquellen

Ein Ausflugsziel mit Tradition: die *Stempfermühle*

allerdings aus dem 19. Jahrhundert). Nehmen Sie sich Zeit für den schönen Ausblick und den kleinen Rundgang durch Waffenkammer und Kemenate, das gruselige Verlies und die bunt verzierte Burgkapelle. Auch die Gößweinsteiner Wallfahrtsbasilika, die Barock-Baumeister Balthasar Neumann im Auftrag des Bamberger Fürstbischofs Graf von Schönborn erbaut hat, lohnt den Besuch, ehe Sie den Ort mit dem »blauen Senkrecht-Strich« auf der Pezoldstraße verlassen. Von der Basilika aus geht es zunächst nach links Richtung Sachsenmühle. Kurz vor dem Ortsende führt der Weg links empor, wechselweise am Waldrand, im Laubwald und über eine Reihe von Lichtungen auf die Straße, die rechts nach Leutzdorf führt. Folgen Sie dem Lauf der Straße am Feldrand, in der Ortsmitte biegen Sie am Dorfweiher mit rotweißem Wanderzeichen zunächst rechts ab, vor dem Ortsende dann links und am letzten Haus nochmals rechts zur Sachsenmühle hinunter. Von da geht es mit dem »roten Kreuz« entlang der Museumsbahn zurück zur Stempfermühle (Gehzeit 2 1/2–3 Stunden).

Gisela Lipsky

Anfahrt
ÖPNV: Von Forchheim mit Zug R 22 zum Bahnhof Ebermannstadt, weiter mit Regionalbus 389 (»Wiesenttal-Express«) zur Haltestelle »B 470/Sachsenmühle«. Dann an der Wiesent entlang zur Stempfermühle.

Kfz: Auf der A 9 bis Ausfahrt Pegnitz, weiter über B 2/470 Richtung Pottenstein und durch das Püttlachtal nach Behringersmühle fahren. Die Stempfermühle liegt etwa 1 km nach dem Ortsende direkt an der B 470. Sie parken am besten am alten Bahnhof Behringersmühle und gehen dann an der Wiesent entlang zur Stempfermühle (dem Schild zum Bootsverleih folgen).

Informationen
Tourismusbüro im Haus des Gastes, Burgstr. 6, 91327 Gößweinstein, Tel. 0 92 42/4 56, www.goessweinstein.de oder www.ferienzentrum-goessweinstein.de
Burg Gößweinstein, Burgstr. 30, 91327 Gößweinstein, Tel. 0 92 42/2 99 98 91, www.burg-goessweinstein.de, Ostern–Okt tägl. 10.00–18.00, Eintritt 2,50 € (ermäßigt 1,50 € / Kinder 1,00 €).

Besonderheit
Der Anstieg nach Gößweinstein hat's in sich – immerhin sind 150 Meter Höhenunterschied zu überwinden.

Essen und Trinken
Gasthof Stempfermühle, Behringersmühle 19, 91327 Gößweinstein, Tel. 0 92 42/16 58, www.stempfermuehle.de, Mai–Ende Sep tägl. warme Küche 11.30–19.30. Große Terrasse über der Wiesent. Frische Forellen, fränkische Spezialitäten, hauseigene Konditorei.
Kiosk am Bootsverleih (s. u.) mit Tischen, Hängematten und Liegestühlen am Ufer. Kalte Getränke, Kaffee, Eis und selbst gebackener Kuchen.

Extra
Kajak fahren, rudern, paddeln – an der Stempfermühle findet jeder ein Boot nach seinem Geschmack: Boots- und Kajakverleih Thomas Mehl, Behringersmühle 19, 91327 Gößweinstein, Tel. 01 70/7 55 19 43, www.leinen-los.de, Bootsverleih (bei schönem Wetter) Mai–Ende Sep Sa–So und Fei 10.30–18.00, in den bayer. Schulferien und auf Anfrage auch Mo–Fr 11.30–17.00. Weiteres Angebot auf der Website.

Ein Blick ins Paradies
Frau Holles himmlische Äpfel

19

Es geschah einmal, dass im himmlischen Garten der schönen Frau Holle die Apfelbäume nicht mehr gediehen. Im fränkischen Hollenberg, wo Frau Holle ein kleines Heiligtum geweiht war, lebte eine alte Frau, deren Apfelbäume im Frühjahr in herrlicher Blüte standen, und wenn der Herbst kam, bogen sich die Äste, die voller Äpfel hingen.

Da sprach Frau Holle zu ihrem Liebsten, dem Junker Tod: »Reite hinab zur Erde und hole mir die Alte herauf. Sie hat lang genug gelebt, es wird Zeit, dass sie zu uns zurückkehrt.« Geschwind ritt der Junker Tod nach Hollenberg, klopfte bei der Alten an und sprach: »Deine Zeit ist gekommen, Frau Holle schickt nach dir. In ihrem Garten gedeihen die Apfelbäume nicht mehr. Deshalb soll ich dich holen, dass du sie pflegst.«

»Gewähr mir eine Bitte«, erwiderte die Alte, »lass uns noch einmal Karten spielen, daran hab ich immer Freude gehabt. Gewinnst du, magst du mich mitnehmen. Gewinne ich, bleibe ich noch ein Weilchen hier.« Der Tod willigte ein, denn er glaubte, leichtes Spiel zu haben. Er ahnte nicht, dass die Alte das Kartenspiel von einem Landsknecht gelernt hatte und alle Kniffe kannte. Sie mischte die Karten – und gewann. Der Junker Tod runzelte die Stirn und sprach: »Einmal ist keinmal.« Diesmal mischte er die Karten, zog aber wieder den Kürzeren. »Lass uns noch einmal spielen«, sagte er. Die Alte erwiderte: »Gut, aber das ist wirklich das letzte Spiel.« Und wieder gewann sie, lachte sich ins Fäustchen und sagte: »Reit nur allein hinauf, mir gefällt es noch hier auf der Erde.«

Die schöne Holle wurde zornig, als der Junker Tod allein zurückkam, und sagte: »Mein Lieber, du teilst so lange nicht mehr das Lager mit mir, bis du mir die Alte gebracht hast.« Traurig zog sich der Tod zurück. Als die zwölf heiligen Nächte zwischen Weihnachten und Dreikönigsfest kamen, ritt er wiederum nach Hollenberg, denn er wusste, dass jeder in diesen Nächten einen Wunsch frei hat. »Reite mit mir zum Garten meiner Liebsten und wirf nur einen Blick hinein«, bat er die Alte. »Ich verspreche dir, wenn du nicht dort bleiben willst, bringe ich dich sofort wieder zurück.« Die Alte war nicht erfreut, den Tod schon wieder zu sehen, konnte ihm aber seinen Wunsch nicht abschlagen. »Gut«, sagte sie, »aber du musst mir schwören, dass du dich an deinen Teil der Abmachung hältst.«

Der Junker Tod tat seinen Schwur, die Alte setzte sich hinter ihm aufs Pferd, und sie ritten hinauf in den Paradiesgarten. Dort öffnete der Tod das Tor, die Alte schaute hinein und sah die schöne Holle mit ihrer Sternenkrone, umringt von lachenden jungen Mädchen, in ihrem herrlichen Garten. Nur die Apfelbäume sahen kläglich aus. »Gefällt es dir?«, fragte der Tod. »Schon«, sagte die Alte, »aber siehst du, Frau Holle ist umgeben von lauter jungen Dingern, ich dagegen bin alt und runzlig.«

»Weißt du denn nicht, dass du auch wieder jung wirst, wenn meine Liebste dich berührt?«, fragte der Tod. »Ja warum sagst du das nicht gleich und lässt mich erst mit dir Karten spielen!«, zürnte die Alte, sprang sogleich durch das Tor, Frau Holle berührte sie, und sie wurde wieder jung und schön. So machte sie sich an die Pflege der Apfelbäume, und seither gedeihen die Äpfel im Garten der Holle wieder wunderbar.

❧ Hausgöttin und Herrin der Wilden Jagd ❧

Erraten, die schöne Holle ist identisch mit der Dame, die ihre Betten ausschüttelt, damit es schneit. Das Grimm-Märchen von Goldmarie und Pechmarie ist jedoch nur eine von vielen Frau-Holle-Sagen, deren Ursprung zurück bis in vorchristliche Zeit reicht. Der Name Hollenberg geht der Sage nach auf Frau Holle zurück; in einer Höhle des Burgberges, dem Zwergenloch, soll sie Altar und Opferstätte gehabt haben. Denkbar ist freilich auch, dass diese Höhle dem Ort zu seinem Namen verhalf (Hollenberg = Hohler Berg).

Holle bzw. Berchta oder Perchta, wie sie auch heißt, hat lichte und dunkle Seiten. In den Mythen erscheint sie als Hausgöttin, Hüterin der ungetauften Kinderseelchen und Herrin der Wilden Jagd, die in den Raunächten durch die Lüfte zieht. Gute, fleißige Menschen werden von ihr beschützt und belohnt, Gier und Eigennutz jedoch bestraft sie unbarmherzig. Unter ihrem besonderen Schutz steht der Hollerbusch (Holunder), der früher als Hausbaum böse Geister fernhalten sollte. Als Nutz- und Heilpflanze ist er heute noch angesehen: Holunderblütentee wirkt blutreinigend, der vitaminreiche Saft senkt das Fieber und aus den Blütendolden gewinnt man fruchtigen Sirup und erfrischenden Sprudel.

Frau Holles himmlische Äpfel

Frau Holle und die Wilde Jagd (Federzeichnung aus dem 19. Jahrhundert)

Ausflugstipp: Kleine Klettertour zum Zwergenloch

Tolle Fernsicht, zerklüftete Kletterfelsen und Höhlen, die man erforschen kann – das abgelegene Hollenberg hat einiges zu bieten. Am besten parkt man am Ende des Ortes, der nur eine Handvoll Häuser umfasst, und geht zurück zum Ortsanfang. An der »Bergstation« führt die Markierung »rotes Kreuz« links hinauf zur Ruine der Burg, die im Bauernkrieg 1525 zerstört wurde. Von hier aus hat man einen weiten Rundblick über die Fränkische Schweiz. Bei der Infotafel unterhalb der Ruine führt ein ausgeschilderter Weg mit »grüner 1« und »rotem Kreuz« Richtung Pegnitz um den Berg herum zum Fuß der Felsgruppe, in der sich Frau Holles Heiligtum, das Zwergenloch, befindet. Beim steilen Anstieg sind Kletterkünste gefragt! Oben angekommen, kann

Das Zwergenloch lädt zum Klettern und Erkunden ein.

man sich mit etwas Fantasie gut vorstellen, dass die Höhle einst eine Kultstätte war. Weiter bergab gelangt man zum Gnomenbrünnlein, einer kleinen Mulde im Felssims auf der rechten Seite einer Höhle, die immer voll Wasser steht.

Von dort geht's hinab auf einen Schotterweg, dem wir kurz nach rechts folgen, bis die »grüne 2« nach links in den Wald weist. Der Weg führt zunächst halb rechts, an einer Gabelung halb links über den Berg, dann rechts ab in den Wiesengrund des Brandtals. Wir durchwandern das Tal auf einem verträumten Pfad, bis wir auf die Fahrstraße nach Hollenberg stoßen. Wir folgen ihr nach rechts um die nächste Kurve, biegen dann links ab und wandern in einem mit »gelbem Querstrich« markierten Wiesengrund weiter, bis der Weg im weiten (Rechts-)Bogen erst ein Stück an der Püttlach entlang, dann durch den Wald – zuletzt wieder mit dem »roten Kreuz« – zurück nach Hollenberg führt. Diese Runde dauert, Höhlenerforschung inklusive, 2–2 1/2 Stunden. Als Verlängerung bietet sich an, vom gelb markierten Wiesengrund aus mit dem »roten Punkt« zur Elbersberger Kapelle zu wandern, dann mit »blauem Senkrecht-Strich« hinab ins Püttlachtal. Die Püttlach rechts haltend überqueren, mit »blauem Senkrecht-Strich« und »rotem Kreuz« zurück nach Hollenberg.

Gisela Lipsky

Anfahrt

ÖPNV: Da es keine Busverbindung gibt, muss man am Bahnhof Pegnitz (Anreise mit dem Zug R 3) oder in Pottenstein, das man von Pegnitz aus mit Regionalbus 393 (verkehrt nur werktags!) erreicht, ein Taxi nehmen. Alternativ von Pegnitz aus mit Regionalbus 392 (verkehrt nur sporadisch und als Anruflinientaxi) nach Willenreuth, von dort zu Fuß nach Hollenberg (knapp 3 km).

Kfz: Auf der A 9 bis Ausfahrt Pegnitz, auf der B 470 Richtung Pottenstein, dann rechts ab über Neudorf nach Willenberg, dort links nach Willenreuth, dort rechts ab auf einem schmalen Sträßchen, das letzte Stück des Weges auf Schotterpiste, durch den Wald nach Hollenberg.

Information

Tourist-Information Pegnitz, Hauptstr. 37, 91257 Pegnitz, Tel. 0 92 41/7 23 11, www.pegnitz.de

Besonderheit

Taschenlampe für die Höhle mitnehmen!

Essen und Trinken

Bei schönem Wetter kann man sich an der *Bergstation Hollenberg*, einem Kiosk mit Biergartenbetrieb, mit Brotzeiten, kleinen Gerichten und selbst gebackenem Brot stärken. Bei schönem Wetter von Ostern–Ende Okt Sa–So und Fei 12.00–16.30.

Extra

Rodelspaß für Sommer und Winter bietet die nahe Sommerrodelbahn an der B 470, gegenüber dem Felsenbad Pottenstein, 91278 Pottenstein, Tel. 0 92 43/9 22 00, www.sommerrodelbahnen-pottenstein.de, Frankenrodel Apr–Ende Okt tägl. 10.00–17.00 (bei Regen geschlossen), Frankenbob Apr–Ende Okt tägl. 10.00–17.00 (bei passendem Wetter), Winter auf Anfrage So 13.00–16.00. Tagesaktuelle Öffnungszeiten auf der Website.

Zum Teufel mit der Liebe! 20
Im Tiefflug über Burg Rabenstein

Auf Burg Rabenstein diente einst eine Magd, die sich hoffnungslos in einen Burschen aus dem nahe gelegenen Oberailsfeld verliebt hatte. Ihr Herz schlug höher, wenn sie nur an ihn dachte, und sie wünschte sich nichts sehnlicher, als dass er ihre Gefühle erwiderte.

Auf den Mund gefallen war das Mädchen nicht. Wenn sie etwas im Dorf zu erledigen hatte, fand sie stets einen Vorwand, ihren Herzensschatz ins Gespräch zu ziehen. Doch weder ihre schönen Worte noch die Blicke, die sie ihm unter gesenkten Lidern hervor zuwarf, erreichten ihr Ziel – im Gegenteil, der junge Bursche begann ihr aus dem Weg zu gehen.

Die junge Magd hatte sich indes ganz und gar darauf versteift, dass er und kein anderer der Rechte sei. Sie redete sich ein, dass ihn nur seine Schüchternheit daran hinderte, ihr den Hof zu machen, und versuchte ihn mit allen weiblichen Listen für sich zu gewinnen. Aber ihre Hoffnungen wurden enttäuscht.

Es war an einem Sonntag nach dem Kirchgang, als sie mitanhören musste, was er in Wahrheit dachte. Ein anderer Bursche hatte ihn gefragt: »Was ist denn mit der Rabensteiner Magd? Die hat's doch auf dich abgesehen!«

»Von der will ich nichts wissen«, erwiderte ihr Auserwählter schnöde. »Eher werd ich Mönch.«

Der Magd schossen heiße Tränen in die Augen. Sie wandte sich auf dem Absatz um, lief aus dem Dorf hinaus in den Wald, warf sich ins Moos und weinte bitterlich. Sie weinte, bis sie keine Tränen mehr hatte, und als sie sich mit brennenden Augen erhob, war ihre Liebe verdorrt und hatte sich in finsteren Hass verkehrt. Noch in derselben Nacht verschwor sie sich dem Teufel und versprach ihm, in der Walpurgisnacht am Hexentanz teilzunehmen, wenn er den Burschen, der sie verschmäht hatte, ebenfalls dorthin brächte. Vielleicht hoffte sie insgeheim immer noch, er werde in dem gruseligen Treiben ihre Hand ergreifen und dann nicht mehr von ihr lassen wollen.

Der Teufel glaubte, leichtes Spiel zu haben, und sagte zu. In der Walpurgisnacht holte er sich den Burschen und flog mit ihm durch die Luft. Der Entführte aber wehrte sich mit allen Kräften, und als er unter sich die Klaussteinkapelle erblickte, ergriff er das Kreuz auf dem Türmchen und hielt sich daran fest. Der Teufel versuchte ihn fortzuziehen, der Bursche jedoch ließ nicht los, sodass sich das Kreuz bei dem wütenden Kampf verbog. Das Gepolter auf dem Dach weckte den Eremiten, der die einsam gelegene Kapelle pflegte. Der fromme Mann erhob sich sogleich, um nach dem Rechten zu sehen. Er traute seinen Augen kaum, als er im hellen Mondschein den Satan und sein Opfer erblickte, das sich mit letzter Kraft ans Turmkreuz klammerte. Hastig rief er den dreieinigen Gott an, schlug den Teufel mit dem Ruf »Apage Satanas« in die Flucht und holte den erschöpften Burschen vom Kapellendach herunter. Seit jener Nacht steht das Kreuz nicht mehr ganz gerade. Wenn man genau hinsieht, erkennt man, dass es leicht verbogen ist.

Die Rabensteiner Dienstmagd aber fand man am nächsten Tag mit umgedrehtem Hals in den Felshängen unterhalb der Burg. Der Teufel hatte für seine Niederlage grässliche Rache an ihr genommen.

❧ Von Liebesäpfeln und anderen verbotenen Tricks ☙

Ob die Rabensteiner Magd wirklich alles versucht hat, um ihren Angebeteten für sich zu gewinnen? Auch wenn es kirchlicher- wie staatlicherseits verboten war und hart bestraft wurde, griffen unglücklich Verliebte bis in die Neuzeit hinein nicht selten zu Liebestränken und anderen Zaubermittelchen.

Ein Liebesapfel etwa musste vor Sonnenaufgang gepflückt werden. Dazu wählte man den schönsten Apfel aus, spaltete ihn sorgfältig, löste das Kernhaus aus und ersetzte es durch ein Zettelchen, auf das man mit Blut den eigenen Namen und den des Auserwählten geschrieben hatte. Die beiden Hälften des Apfels steckte man mit Spießchen aus grünem Myrtenholz wieder zusammen und ließ den Apfel im Ofen trocknen. Der schwerste Teil der Übung: Man musste den verhutzelten Liebesapfel unters Kopfkissen des Geliebten schmuggeln, ohne dass er es bemerkte.

Zu kompliziert? Die Asche eines schweißgetränkten seidenen Halstuches, in Speisen oder Getränke gemischt, sollte die gleiche Wirkung zeigen. Aber das waren noch nicht alle Tricks. Burchard von Worms beschrieb, wie Frauen sich nackt auf Weizen wälzten, ihn in der Mühle links herum mahlen ließen und aus diesem Mehl Liebeskuchen buken. Auch Liebestränke mit zauberkräftigen Zutaten wie Nachtschatten und Bilsenkraut sollen im Umlauf gewesen sein. Vor Nachahmung sei gewarnt – beides ist giftig!

Burg Rabenstein und das Ailsbachtal

Ausflugstipp: Durchs Ailsbachtal nach Rabenstein

Auf den Spuren der Sage führt ein schöner Rundweg von Oberailsfeld zur Klausteinkapelle und zur Burg Rabenstein, die malerisch auf einem Felsen über dem Ailsbachtal thront (Weglänge 8 Kilometer, Gehzeit 2–2 1/2 Stunden). In Oberailsfeld finden Sie links kurz nach der Kirche St. Burkard einen großen Parkplatz. Kehren Sie ein paar Schritte zurück. Noch vor der Kirche führt die Markierung »blaues Kreuz« nach links auf einem felsengesäumten Wiesenweg im Tal entlang. Im Wald steigt der Pfad bergan, begleitet einen Felskamm, führt durch eine kleine Durchgangshöhle und überquert schließlich den Ailsbach und die Straße, die zum Rennerfelsen führt. Rechts des Ailsbachs führt der Weg hinauf zum Schneiderloch, einer eindrucksvollen Durchgangshöhle gegenüber der Burg, die im Verlauf der Wanderung in immer neuen Perspektiven zu sehen ist. Wir wandern am Hang entlang, bis ein Wegweiser links abwärts zur *Neumühle* weist. Hinter der Mühle führt der Weg steil bergauf zur Burg und zur Sophienhöhle. Auf der Höhe wenden wir uns nach rechts zur Sophienhöhle. Ehe man den Eingang erreicht, zweigt links aufwärts ein Trampelpfad zum Hof der Kapelle auf dem Klausenstein ab. Von hier eröffnet sich ein weiter Blick über das Ahorntal. Die sehenswerte Kapelle befindet sich genau über der Sophienhöhle und gehörte zu der im Mittelalter zerstörten Burg Ahorn. Sie steht zwar auf Privatgrund, fast eingebaut vom angrenzenden

Beim Wandern sieht man die eindrucksvolle Burg aus immer neuen Perspektiven.

Gehöft, ist aber tagsüber frei zugänglich. (Bitte respektieren Sie die Privatsphäre der Anwohner.)

Wir kehren zurück zur Sophienhöhle mit ihren bizarren Tropfstein-Formationen, folgen dann den Wegweisern zur Burg Rabenstein und der benachbarten Falknerei. Die über 800 Jahre alte Burg, die mehrfach zerstört und wieder aufgebaut wurde, beherbergt ein Hotel mit Restaurant. Sie kann im Rahmen einer Führung oder bei einer der zahlreichen Veranstaltungen besichtigt werden.

Mit der Wandermarkierung »grüne Schachkönigin« wandern wir auf dem Panoramaweg, auf dem schon Bayern-König Ludwig I. mit Gattin Therese lustwandelte, bis zum Rennerfelsen, von dort geht es wieder mit dem »blauen Kreuz« zurück nach Oberailsfeld.

Gisela Lipsky

Anfahrt

ÖPNV: Mit dem Zug R 3 bis Bahnhof Bayreuth und weiter mit Regionalbus 396 nach Oberailsfeld. Fahrtzeit mit dem Bus ca. 1 Std. (verkehrt am Wochenende nur als Anruflinientaxi).

Kfz: Auf der A 9 bis Ausfahrt Pegnitz, auf der B 470 bis Pottenstein, knappe 2 km nach dem Ortsende rechts ab nach Weidmannsgesees, dort links, vorbei am Campingplatz Jurahöhe, bis zur Landstraße, die parallel zum Ailsbach verläuft. Hier links weiter Richtung Oberailsfeld.

Information

Burg Rabenstein, Rabenstein 33, 95491 Ahorntal, Tel. 0 92 02/9 70 04 40, www.burg-rabenstein.de, Apr–Okt Di–Fr Führungen um 11.00, 14.00 und 16.30, Sa–So und Fei 11.00–17.00 durchgehend geöffnet, Nov–März Sa–So und bayer. Ferien Führungen um 11.00, 14.00 und 16.00. Eintritt 4,50 € (ermäßigt 2,50 €). Führungen für Gruppen auch zu anderen Terminen nach Absprache möglich. Ganzjährig Burgkonzerte, Kulinartheater, Wildschwein-Essen und viele andere kulturelle und kulinarische Veranstaltungen. Zweimal im Jahr im Sommer lädt ein großer Mittelaltermarkt zur Zeitreise ein.

Essen und Trinken

Gutsschenke Burg Rabenstein, Kontakt über Burg (s. o.), Apr–Okt Di–So 11.00–18.00. Im Sommer mit großem Biergarten.

Burgrestaurant, Kontakt über Burg (s. o.), Apr–Okt Di–So 18.00–21.00, Reservierung erbeten.

Extras

Sie haben die Qual der Wahl zwischen der Besichtigung von Burg Rabenstein, Falknerei und Sophienhöhle:

Sophienhöhle, 95491 Ahorntal, an der Verbindungsstraße Bayreuth–Gößweinstein, zwischen Kirchahorn und Oberailsfeld, Kontakt über Burg (s. o.), www.ahorntal.de oder www.burg-rabenstein.de, Führungen Apr–Okt Di–So und Fei 10.30–17.00. Eintritt 5,00 € (ermäßigt 3,00 €). »Sophie at Night« (mit Musik und Lightshow) Mai–Sep Sa 18.00–20.00. Eintritt 8,50 € (ermäßigt 5,00 €). Für Gruppen nach Vereinbarung auch zu anderen Zeiten möglich.

Falknerei auf Burg Rabenstein, Tel. 0 92 02/97 04 98 oder 01 72/7 30 10 80, www.falknerei-rabenstein.de, Apr–Okt Di–Fr 13.00–17.00, Sa–So und Fei 12.00–17.00. Vogelpark 3,00 € (ermäßigt 2,00 €). Flugvorführung jeweils um 15.00, Eintritt 7,00 € (ermäßigt 4,50 €).

Die falschen Ritter   21
Vom Ende der Luxburg

In der Felsenwirrnis eines Berges bei Wunsiedel verbarg sich einst ein verrufenes Räubernest, das die ganze Gegend in Angst und Schrecken versetzte: die Luxburg. Die Raubritter trieben den Bauern das Vieh weg, plünderten Kaufmannszüge und erpressten von vermögenden Handelsherren hohe Lösegelder. Der Rat zu Eger, dessen Kaufleuten sie besonders übel mitspielten, beriet lange, wie man den Wegelagerern das Handwerk legen könnte. Ein Überfall hatte wenig Aussicht auf Erfolg, denn die Felsenfestung war kaum einzunehmen. Also heckten die Egerer eine List aus: Sie stellten bei Hohenberg einen leeren Kaufmannszug auf. Bald hatten die Luxburger durch ihre Kundschafter von den reiche Beute versprechenden Wagen erfahren und zogen wohlbewaffnet aus, den Zug zu plündern.

Zugleich hatten die Egerer aber einen Trupp Landsknechte, die genau wie die Luxburger gekleidet waren, in einen Hinterhalt gelegt. Als es dunkel wurde, zogen die Landsknechte frohlockend zur Luxburg. Die Wächter glaubten, es wären ihre heimkehrenden Leute, ließen sie anstandslos ein – und fanden sich schneller, als sie eins und eins zusammenzählen konnten, im Burgverlies wieder. Dann gingen die Egerer in Wartestellung.

Gegen Mitternacht kündigten Hufgeklapper und raue Flüche die Rückkehr der enttäuschten Raubritter an. Die Landsknechte ließen ihnen keine Chance zur Gegenwehr und nahmen sie im Handstreich gefangen. Nun erst durchsuchten sie die Burg, luden auf, was ihnen wertvoll dünkte, doch so gründlich sie auch suchten, sie konnten die Schatzkammer nicht finden. Die Ritter aber verrieten trotz peinlicher Befragung mit keinem Wort, wo ihre Schätze verborgen waren. Dennoch wurde die Luxburg angezündet und geschleift, die Ritter brachte man noch in derselben Nacht nach Eger, wo ihnen der Prozess gemacht wurde.

Die Burg brannte schon lichterloh, als die Burgvögtin, die sich bis dahin verborgen gehalten hatte, in wilder Flucht aus dem Fenster sprang. Doch sie überlebte den Sturz nicht, und ihr Leib blieb den Tieren zum Fraß. Da sie die Gefangenen im Verlies gequält hatte, ihnen oft Wasser und Brot versagt hatte, geht sie zur Strafe in den Wäldern der Luxburg als Geist um. Meist erschreckt sie die Wanderer nur mit wüstem Geheule, doch an ihrem Todestag, dem Tag nach Johannis, kehrt selten jemand heim, den sie nicht böse gekratzt hätte.

Die Schätze der Burg aber sind trotz zahlreicher Versuche bis heute nicht gehoben. So erfuhr etwa ein armer Geselle aus Wunsiedel von einem Moosmännchen, wie man zur Schatzkammer gelangt: Außerhalb der Burg, bei einer Quelle, liegen drei Felsblöcke so übereinander, dass sie ein dreieckiges Loch bilden. Dort kroch der Bursche auf allen vieren ins Dunkel, bis sich die Höhlung weitete. Im Dämmerlicht sah er eine rostige Eisentür, griff nach der Klinke, wich aber entsetzt zurück, als aus den Felsspalten Schlangen krochen, die sich an ihm emporschlängelten und nach ihm züngelten. Als er zurückwich, ließen sie von ihm ab. Doch sobald er die Tür berührte, bedrohten sie ihn erneut. Enttäuscht verließ der Geselle die Höhle. Noch zweimal kroch er in den Berg, doch vergebens, er fand den Schlüssel nicht. Hätte er nur gewagt, auf den Türsims zu greifen, so hätte er ihn gehabt, die Schlangen hätten sich zurückgezogen, und der arme Bursche hätte sich große Reichtümer verschaffen können.

᙭ Von der Luxburg zur Luisenburg ᙯ

Noch heute kann man zwischen den Felsen die Reste der Luxburg erkennen, mit etwas Glück auch die alte Straße, die über den Berghang lief. Früher muss es die Aufgabe der Luxburger gewesen sein, die Handelszüge auf dieser Straße durch die Wälder zu geleiten. Als sich jedoch bequemere Routen auftaten und die Straße verödete, wurden die Ritter zu gefürchteten Feinden der Kaufleute. Viele Chroniken berichten von ihren Überfällen und dem schlimmen Ende, das ihnen die Bürger von Eger schließlich bereiteten.

Das Gebiet blieb lange danach noch verrufen, nur selten wagte sich jemand in die »ungeheure Wildnüß«, zwischen die »entsetzlichen Klippen und Felsen«, wie Dr. Johann Christoph Pachelbel, Verfasser der Ausführlichen Beschreibung des Fichtel-Berges, im Jahr 1716 schrieb. Er war einer der Ersten, der die Felsenwirrnis durchstieg. Auch Goethe hat das Labyrinth 1785 »mühsam durchkrochen«. Er vermutete zu Recht, dass das Gesteinsmeer nicht durch Erdbeben – wie damals angenommen –, sondern durch Verwitterung entstanden sei. Als Goethe nach Jahren wiederkehrte, war aus der düsteren Luxburg eine parkähnliche Anlage geworden, die man beim Besuch des preußischen Königspaars im Sommer 1805 zu Ehren der jungen Königin Luise umbenannt hatte. Mit ihrer Erschließung wurde die »Luisenburg« zur Attraktion. Von weit her kamen und kommen Besucher noch heute, um das Felsenlabyrinth zu durchwandern.

> *Ebenso viele Gäste locken die Luisenburg-Festspiele auf der Naturbühne an, die nicht nur das älteste, sondern auch eines der schönsten Freilichttheater Deutschlands ist.*

Ausflugstipp: Im Felsenlabyrinth der Luisenburg

Die einstige Parkanlage ist zwar längst wieder zu Wald geworden, doch das tut der Anziehungskraft der Luisenburg keinen Abbruch. Auch wenn Steinstufen, Treppen und Leitern den Weg vereinfachen, ist es für Kinder wie Erwachsene immer noch ein Abenteuer, das Felsenlabyrinth zu durchwandern. Vom Luisenburg-Parkplatz führt der Weg mit dem »blauen Pfeil« an der Naturbühne vorbei mitten hinein in die gewaltigen Felsblöcke. Immer wieder sind schöne Ausblicke geboten – kleine Kletterpassagen und Engstellen, durch die man sich zwängen muss, inklusive. Am Ende des Labyrinths können Sie mit dem »roten Pfeil« den Rückweg antreten (gesamte Gehzeit gut 1 Stunde). Sollten Sie etwas mehr Zeit und Kondition haben, lohnt sich der insgesamt 2 1/2–3-stündige Rundweg über den aussichtsreichen Burgstein. Wenn Sie das Felsenlabyrinth durchquert haben, befinden Sie sich auf 800 Meter Höhe. Der ausgeschilderte Weg führt über den Kaiserfelsen, der einen guten Blick auf Wunsiedel bietet. Nach

Vor der Erschließung wagte sich kaum jemand in die weglose Wildnis des Felsenlabyrinths.

Naturwunder mit Märchencharme: das Luisenburg-Felsenlabyrinth

etwa 1 1/2 Kilometern erreichen Sie die befestigte Aussichtskanzel des 869 Meter hohen Burgsteins, die sich über Steinstufen und Holztreppen erklimmen lässt. Der Lohn der Mühe: ein fantastischer Blick über das Fichtelgebirge. Wir folgen dem Weg weiter bis zur Einmündung des Höhenweges zur Kösseine, biegen hier jedoch ab und gehen mit der Markierung »weißes H auf rotem Grund« auf dem Fahrweg zurück zum Luisenburg-Parkplatz.

Gisela Lipsky

Anfahrt
ÖPNV: Vom Busbahnhof Wunsiedel kommen Sie nur per Taxi zur Luisenburg.
Kfz: A 9 bis Ausfahrt Bad Berneck/Himmelkron, auf der B 303 über Bad Berneck und Bischofsgrün nach Wunsiedel. Der Weg zur Luisenburg ist ausgeschildert.

Informationen
Tourist-Information Wunsiedel, Jean-Paul-Str. 5, 95632 Wunsiedel, Tel. 0 92 32/60 21 62, www.wunsiedel.de
Felsenlabyrinth Luisenburg, Kontakt über Tourist-Information (s. o.) oder auf der Website (unter »Tourismus« > »Felsenlabyrinth Luisenburg«), Ende März–Anfang Nov 8.30–18.00, in der Festspielzeit (Jun–Aug) 8.30–19.00. Bei guter Witterung beginnt die Saison früher bzw. wird bis in den Winter hinein verlängert. Führungen Ende Jul–Sep Mi und So 14.00 oder nach Vereinbarung unter Tel. 0 92 32/60 21 16 (Frau Wehner-Engel). Eintritt 4,50 € (ermäßigt 2,00 € / Familie 9,00 €). Führungen zusätzl. 4,00 € (ermäßigt 2,00 € / Familie 7,00 €), Audioguide 4,00 €. Parkgebühr am Luisenburg-Parkplatz 2,00 €.

Besonderheit
Wenn das Labyrinth wegen schlechter Witterung geschlossen ist, bietet sich als Alternative der mit »weißem Greifvogel auf rotem Grund« markierte, etwa 4 km lange Burgstein-Rundweg an.

Essen und Trinken
Luisenburg Gastronomie und Hotel, Luisenburg 1, 95632 Wunsiedel, Tel. 0 92 32/9 15 59 49, www.luisenburg-gastronomie.de, Mi–So 10.00–23.00, in der Festspielzeit (Jun–Aug) tägl. 10.00–23.00. Warme Küche 11.00–21.30.

Extra
Die Luisenburg-Festspiele bieten alljährlich von Jun–Mitte Aug populäre Kinderstücke, Schauspiel- und Musiktheater-Inszenierungen. Kartenvorverkauf über Tourist-Information (s. o.). Spielplan und weitere Informationen auf www.luisenburg-aktuell.de

22 Verwunschenes Glück
Die Liebenden von Hallerstein

»Gefällt dir das Mädchen?«, neckte der Ritter vom Hallerstein seinen Sohn. Er hatte wohl bemerkt, mit welchen Blicken der Junge die Tochter seines alten Freundes auf einmal bedachte. Gestern, so schien es ihm, hatten sich die Kinder noch wie junge Hunde im Burghof gebalgt. Heute dagegen brachten die beiden kaum ein Wort über die Lippen, wenn sie zusammen waren – nur ihre Augen sprachen Bände. Dem Hallersteiner gefiel's. Er war von Jugend an gut Freund mit dem Ritter vom Epprechtstein, und es war beider Wunsch, ihren Bund einmal durch die Heirat der Kinder zu besiegeln. »Nun, dann muss ich wohl einmal mit dem Epprechtsteiner reden«, sagte er. Der Junge, fast noch ein Kind, lief vor Scham rot an, doch dann gab er sich einen Ruck. »Habt Dank, Vater«, sagte er feierlich, »ich wüsste nichts, was mich glücklicher machen würde.« Der Hallersteiner unterdrückte ein Lächeln. »Nun, du wirst dich noch einige Jahre gedulden müssen«, erwiderte er. »Du weißt ja, dass wir gen Jerusalem ziehen. So Gott will, kommen wir gesund wieder – und dann wird Hochzeit gefeiert.«

Auch der Epprechtsteiner hatte gelobt, das Kreuz zu nehmen. Gemeinsam zogen die Ritter nach dem Heiligen Lande, kämpften gegen die Sarazenen und litten, benommen von der sengenden Hitze, Hunger und Durst. Oft gab es tagelang nichts zu essen, und wenn man endlich einen Brunnen erreichte, so war der nicht selten von den Einheimischen vergiftet worden. Viele ließen ihr Leben im Kampf oder blieben entkräftet zurück, doch weder der Hallersteiner noch sein Freund kamen zu Schaden.

Während der Epprechtsteiner aber durch die Erlebnisse im Heiligen Land noch gottesfürchtiger geworden war, begann der Hallersteiner, Gott zu spotten. Auf der Rückreise ließ er sich mit zwielichtigem Gesindel ein, schließlich sogar mit dem Teufel selbst, von dem er die Schwarze Kunst erlernte. Darüber entzweiten sich die beiden Ritter, ihre Freundschaft zerbrach, und bald waren sie einander spinnefeind. Die Fehde gipfelte darin, dass der Hallersteiner, der gänzlich kalt und skrupellos geworden war, den Epprechtsteiner verhexte und ihm ein unheilbares Gebrechen anhängte. Das Verlöbnis seines Sohnes mit der Tochter seines ehemaligen Freundes hob er auf. Doch die Liebenden wollten nicht voneinander lassen.

Die Liebenden von Hallerstein

Die Burgruine Epprechtstein (Federstrichzeichnung von Julius Neidhardt)

Den Hallersteiner machte es rasend, dass er mit all seiner Magie nichts gegen die Gefühle ausrichten konnte, die sein Sohn dem Mädchen entgegenbrachte. Als der Junge wieder einmal auf dem Luginsland nach seiner Liebsten Ausschau hielt, konnte der Zauberer seinen Zorn nicht länger beherrschen. Er verwandelte den Jungen in einen Haselstrauch und das Mädchen, das ihm vom Ufer eines Teiches aus gewinkt hatte, in eine Seerose. Sein böses Treiben brachte ihm jedoch kein Glück. Er starb einsam, ohne Erben, in grässlicher Furcht vor dem Höllenfürsten, dem er seine Seele verschrieben hatte, und seine Burg verfiel.

Doch der Haselstrauch am Burgberg verzweigte sich immer mehr. Von ihm stammen die vielen Haselsträucher dieser Gegend ab, und aus der Seerose wurden die vielen Wasserrosen, die auf den Weihern zwischen dem Epprechtstein und dem Hallerstein blühen. Noch heute streckt der Haselstrauch, wenn er auch am Seeufer Wurzeln geschlagen hat, vergebens seine Zweige nach den Wasserrosen aus. Doch der Fluch des Zauberers hält ihn in Bann, die Liebenden werden wohl erst am Sankt-Nimmerleins-Tag zusammenfinden.

⁂ Was heißt schon Liebe? ⁂

Liebe und Zuneigung spielten im Mittelalter kaum eine Rolle, wenn es ums Heiraten ging. Von der Wahl der rechten Braut versprach man sich vielmehr, Verbindungen zu knüpfen, Macht und Besitz zu mehren, Bündnisse zu festigen oder Feindseligkeiten beizulegen. Die jungen Ehekandidaten – mit sieben Jahren konnten die Kinder verlobt werden, mit 15 galten sie durchweg als heiratsfähig – wurden ohnehin nicht gefragt, sie hatten sich den Eltern zu fügen.

Das Recht lag dabei allein auf Seiten der Männer. Nur Jungen wurden mit 12 bis 15 für mündig erklärt, unterstanden aber noch dem Vater, bis sie einen eigenen Hausstand gründeten. Das Los der Frauen dagegen änderte sich nie. Erst verfügte der Vater über sie, dann der Gatte, und wenn der Ehemann starb, wieder der Vater bzw. der älteste Verwandte oder ein mündiger Sohn. Im Falle echter Not stand es dem Hausherren sogar zu, seine Familienangehörigen zu verkaufen und, falls berechtigte Gründe vorlagen, zu töten.

In guten Ehen respektierten die Partner einander, aber echte Liebesbeziehungen wie beispielsweise beim Landgrafen Ludwig IV. von Thüringen und der später heilig gesprochenen Elisabeth waren selten. Liebesgeschichten gab es jedoch zuhauf – oft, wie die berühmten Epen Tristan und Isolde *und* Lancelot und Ginevra, *mit tragischem Ende.*

Von der Plattform aus bietet sich ein herrlicher Blick über das Fichtelgebirge.

Ausflugstipp: Von Hallerstein zum Epprechtstein

Vor der Ortsmitte von Hallerstein zweigt nach rechts die Sackgasse »Am Wechselbühl« ab. Ausgangspunkt unserer Wanderung ist der dortige Parkplatz. Hier stoßen wir auch zum ersten Mal auf unser Wanderzeichen: »weißer Querstrich auf blauem Grund«. Die abwechslungsreiche Waldwanderung dauert hin und zurück knapp drei Stunden, die Strecke beträgt 15 Kilometer. Zunächst führt der Weg in Verlängerung der Straße »Am Wechselbühl« geradeaus auf den Waldrand zu, wo der weitere Verlauf ausgeschildert ist. Nach etwa 40 Minuten erreicht man einen Wanderparkplatz, biegt hier, immer mit »Weißstrich«, links ab auf die Teerstraße, dann nach wenigen Metern wieder rechts in den Wald. Auf der letzten Etappe mündet der Weg in eine breite Fuhrstraße, »Weißstrich« führt jedoch bald wieder auf schmalen Fels- und Wurzelpfaden zur Burgruine hinauf. Von der Aussichtsplattform bietet sich an klaren Tagen ein herrlicher Fichtelgebirgs-Rundblick, Schneeberg und Ochsenkopf inklusive. Das um 1200 erbaute Felsschloss wechselte mehrmals die Besitzer – als erster wird ein Eberhardus de Eckebretsteine urkundlich erwähnt –, ehe die Truppen des Nürnberger Burggrafen 1352 das »Raubnest« stürmten. 200 Jahre später wurde die Burg endgültig zerstört und verfiel.

Das Hallersteiner Schloss befand sich mitten im Ort. Heute ist dort nur noch ein Mauerrest oberhalb der Kirche, die aus der Schlosskapelle hervorging, zu sehen. 1645 fiel das Gemäuer bei einem Dorfbrand den Flammen zum Opfer. Über dem Gewölbekeller wurde im vergangenen Jahrhundert ein Tanzsaal errichtet. Nach Jahren des Verfalls richtete der Heimat- und Kulturverein darin ein kleines Museum mit historischen Möbeln und Gerätschaften ein, das jedoch nur am »Tag des offenen Denkmals«, an Weihnachten und auf Anfrage geöffnet ist.

Gisela Lipsky

Anfahrt
ÖPNV: Vom Bahnhof Schwarzenbach kommen Sie per Anruf-Sammeltaxi auf telefonische Voranmeldung nach Hallerstein, Tel. 0 92 84/64 07.
Kfz: Auf der A 9 bis Ausfahrt Münchberg-Süd, in Münchberg auf die B 289 (Richtung Schwarzenbach/Saale), bis Weißdorf fahren, dort rechts ab über Förmitz nach Hallerstein.

Informationen
Tourismuszentrale Fichtelgebirge e. V., Gablonzer Str. 11, 95686 Fichtelberg, Tel. 0 92 72/96 90 30, www.tz-fichtelgebirge.de
Heimat- und Kulturverein Hallerstein, Hallerstein 21, 95126 Schwarzenbach/Saale, Tel. 0 92 84/89 12, www.hallerstein.de

Extra
Unterhalb von Hallerstein lädt der Förmitzspeicher, ein großer Stausee, zum Picknicken, Baden, Radeln und Wandern, Surfen, Segeln und Tauchen ein.

Mörderisches Missverständnis 23
Die Weiße Frau von der Plassenburg

Katharina von Orlamünde war kaum 18 Jahre alt, als ihr Vetter Otto sie zur Frau nahm. Gemeinsam lebten die beiden auf der Kulmbacher Plassenburg, wo Katharina in rascher Folge zwei Kindern, einem Jungen und einem Mädchen, das Leben schenkte. Doch ihr Glück sollte nicht von Dauer sein, der Tod riss Otto jählings von Katharinas Seite. Die Kinder waren erst zwei und drei Jahre alt, als ihr Vater zu Grabe getragen wurde.

Katharina betrauerte ihren Gemahl aufrichtig. Doch sie war zu jung, um ihr Leben lang Trauer zu tragen. Die außergewöhnliche Schönheit der jungen Witwe zog den Burggrafen von Nürnberg, Albrecht von Hohenzollern, in ihren Bann. Katharina fand Gefallen an dem gut aussehenden Grafen und ließ sich auf eine Liebschaft mit ihm ein.

Albrecht bekannte, er würde sie gern zu seiner Gemahlin machen, wenn nicht vier Augen im Wege stünden. Damit meinte er seine Eltern, die gegen die Heirat waren. Katharina glaubte jedoch, er hätte von ihren Kindern gesprochen. Blind vor Leidenschaft beschloss sie, die beiden zu töten. In der Nacht durchstach sie mit einer Nadel die zarten Köpfchen und klagte am anderen Morgen, ein heftiges Fieber habe die Kleinen dahingerafft.

Die Tat blieb unentdeckt, alle glaubten an einen natürlichen Tod, und die Kinder wurden feierlich im nahen Kloster Himmelkron beigesetzt. Doch das Gewissen peinigte die Gräfin, und schließlich plauderte sie die grausige Tat nachts im Traume aus. Voller Abscheu wandte sich Albrecht von ihr ab, mit einer Mörderin wollte er nichts zu tun haben.

Katharina entging der Todesstrafe. Unter der Bedingung, den Rest ihres Lebens hinter Klostermauern zu verbringen, erhielt sie die Absolution. Doch die unglückselige Gräfin verfluchte das Haus Hohenzollern und kündigte an, dass sie durch ihr Erscheinen nach ihrem Tod Unglück bringen werde. Sie starb vor der Himmelkroner Kirchentür, nachdem sie als Büßerin auf bloßen Knien den ganzen Weg von der Plassenburg bis nach Himmelkron gerutscht war. Ihr Fluch hat sich jedoch erfüllt, bis heute geht sie im weißen Gewand im Schlosse um, wenn Unheil ins Haus steht. Wehe dem, dessen Weg sie kreuzt – ein Rendezvous mit der Weißen Frau hat noch keiner unbeschadet überstanden ...

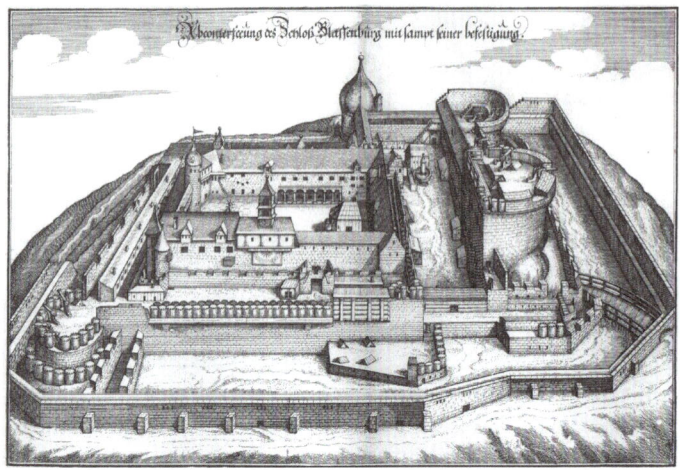

Wehrhafte Festung: die Kulmbacher Plassenburg

✣ Legendäre Unheilsbotin: Die Frau in Weiß ✣

Weiße Frauen als Vorbotinnen von Unheil und Tod sind in Sagen ebenso verbreitet wie Wassernymphen, Schwarze Hunde und der Teufel. Die prominenteste unter ihnen ist die Weiße Frau der Hohenzollern. Historisch ist die Geschichte der unglückseligen Gräfin nicht zu belegen, es gibt jedoch eine Reihe von Augenzeugenberichten über ihre unheimlichen Auftritte. In der Nacht vor der Schlacht von Saalfeld im Jahr 1806 soll sie Prinz Louis Ferdinand von Preußen erschienen sein. Am Morgen setzte sich der Prinz an die Spitze der Truppen, bis er die Frau in Weiß am Wegrand sah. Auch die Soldaten sahen die gespenstische Gestalt. »Die Weiße Frau verfolgt mich!«, stieß der Prinz hervor, dann jagte er im Galopp davon – und wurde in der Schlacht getötet.

Ähnliche Berichte kursieren über Gastspiele der Weißen Frau in Ansbach und Aschaffenburg, wo sie dem Schwedenkönig Gustav Adolf genau ein Jahr vor seinem Tod erschienen sein soll. Im Bayreuther Schloss suchte sie während der Napoleonischen Kriege General d'Espagne heim – wenig später fiel er im Kampf. Napoleon selbst, der 1812 in Bayreuth übernachtete, soll sie ebenfalls gesehen haben. Angeblich sagte ihm die Frau in Weiß den unglücklichen Ausgang des Russland-Feldzuges voraus, worüber Napoleon so verstimmt war, dass er das »verwunschene Schloss« verließ.

Auch in Großgründlach soll die Weiße Frau umgehen. Hier gilt Kunigunde von Orlamünde (nach anderen Versionen ist es Agnes oder Beatrix)

> *als die Unheilsbotin. Erwiesen ist, dass Kunigunde nach dem Tod ihres Gatten nach Nürnberg zog. Sie richtete im Heilig-Geist-Spital ein Kloster ein, das 1348 nach »Grindlach« (Großgründlach) verlegt wurde. Man nannte das Kloster Himmelsthron und wählte die Stifterin zur Äbtissin. Das Kloster wurde im Dreißigjährigen Krieg zerstört, Kunigundes Grabmal ist heute in die Nordwand der Gründlacher St-Laurentius-Kirche eingelassen.*

Ausflugstipp: Rund um die Plassenburg

Die hoch über Kulmbach gelegene Plassenburg ist zu jeder Jahreszeit ein lohnendes Ausflugsziel. Von außen wirkt die frühere Hohenzollernburg immer noch wie die wehrhafte Festung, die sie einst war, sie umschließt jedoch den schönsten Renaissancehof nördlich der Alpen.

Von Kulmbach aus führen mehrere Wege hinauf, außerdem verkehrt halbstündlich (im Winter nur stündlich) ein Pendelbus, der »Plassenburg-Express«, zwischen Stadt und Burg. Für Privatautos ist die Auffahrt tagsüber gesperrt. Wer mit dem Auto kommt, parkt am besten auf dem Festplatz am Schwedensteg (kostenfrei). Von dort führt ein Fußweg zur Stadthalle und dem Zentralparkplatz, wo der »Plassenburg-Express« startet.

Zu Fuß gibt es mehrere Möglichkeiten. Der kürzeste Aufstieg führt in etwa 15 Minuten über den Marktplatz und den Treppenaufgang am Roten Turm vorbei zur Fahrstraße bzw. dem Waldweg zur Plassenburg. Eine gute Stunde muss man für den Weg vom Schwedensteg-Parkplatz rechts in Richtung Schwimmbad, über Grünwehr, Untere und Obere Buchgasse durch einen kleinen Hohlweg zum hinteren Teil der Plassenburg einkalkulieren. Auch die Wanderwege um die Burg oder auf den Nachbarhügel Rehberg sind empfehlenswert – von dort hat man einen schönen Blick auf die Burg.

In der Burg stehen vier Museen zur Wahl: die beiden Staatlichen Sammlungen mit dem Armeemuseum »Friedrich der Große« und den eindrucksvollen Wohnräumen im Hohenzollern-Museum, unter städtischer Leitung das deutschlandweit größte Zinnfigurenmuseum mit über 300 000 Figuren sowie, toll für Kinder, das Landschaftsmuseum Obermain: Da erzählt die Weiße Frau am Telefon von ihrem Leben, es gibt ein großes Hügelgrab, eine verführerisch duftende »Gewürzbibliothek«, in den Boden eingelassene Ausgrabungsfunde und andere Schätze zu entdecken.

Gisela Lipsky

Die Weiße Frau von der Plassenburg

Bis heute soll die Weiße Frau in der Burg umgehen.

Anfahrt

ÖPNV: Vom Kulmbacher Bahnhof aus erreicht man die Innenstadt in 5 Gehminuten.
Kfz: Auf der A 9 bis zum Dreieck Bayreuth/Kulmbach, dann auf der A 70 bis Ausfahrt Kulmbach/Neudrossenfeld.

Informationen

Tourist-Information Kulmbach, Buchbindergasse 5,
   95326 Kulmbach, Tel. 0 92 21/9 58 80, www.kulmbach.de
Plassenburg, Festungsberg 26, 95326 Kulmbach,
   Tel. 0 92 21/8 22 00, www.plassenburg.de, Apr–Okt
   tägl. 9.00–18.00, Nov–März tägl. 10.00–16.00.
Museum »Hohenzollern in Franken« und Armeemuseum
   »Friedrich der Große« 4,50 € (ermäßigt 3,50 €).
   Weitere Informationen über die Schlösserverwaltung
   Bayern auf www.schloesser.bayern.de (unter »Schlösser« >
   »Kulmbach«) oder unter Tel. 09 21/75 96 90 (Schloss- und
   Gartenverwaltung Bayreuth-Eremitage).

Landschaftsmuseum Obermain und Deutsches Zinnfigurenmuseum 4,00 € (ermäßigt 3,00 €). Weitere Informationen
unter Tel. 0 92 21/80 45 71 (Stiftung Landschaftsmuseum
Obermain).
Burgkarte für alle vier Museen 7,00 € (Schüler bis 18 Jahre frei).
Plassenburg-Express, Tel. 0 92 21/92 03 40 (Stadtbus Kulmbach GmbH), www.stadtbus-kulmbach.de (unter »Plassenburg-Express«).

Besonderheit
Plassenburg Open-Air, Mitte Jul im »Schönen Hof«. Weitere
Informationen auf www.plassenburgopenair.de oder über
die Tourist-Information (s. o.)

Essen und Trinken
Museumscafé, im Schönen Hof, Apr–Okt tägl. 11.00–17.00. Die
Pächter betreiben auch die *Burgschänke* im unteren Hof,
die vorübergehend wegen Renovierung geschlossen ist.
Tel. 0 92 21/45 07, www.burgschaenke-kulmbach.de

Extras
In der Bierstadt Kulmbach wird eines der stärksten Biere der
Welt gebraut – das »Eku 28« (auch »Kulminator« genannt)
mit 28 % Stammwürze und 11 % Alkoholgehalt.
Woran man ein gutes Bier erkennt, verraten altgediente
Braumeister im Bayerischen Brauereimuseum, Hofer
Str. 20, 95326 Kulmbach, Tel. 0 92 21/8 05 14,
www.kulmbacher-moenchshof.de (unter »Brauereimuseum«), Di–So 10.00–17.00, Eintritt 4,50 € (ermäßigt 4,00 €),
mit angeschlossenem Bäckereimuseum 7,00 € (ermäßigt
6,00 €).

24 Tödlicher Streich
Der unheilige Mönch von Coburg

Graf Hermann von Henneberg lag einst mit dem Bischof von Bamberg in Fehde, weil dieser dem Mörder seines Vaters Aufnahme gewährt hatte. Im Gefecht gelang es dem Grafen, zwölf junge Soldaten des Bischofs gefangen zu nehmen. Die Junker wurden in der Veste Coburg eingesperrt, doch war ihre Haft nicht allzu streng. Sie durften sich die Zeit vertreiben, wie sie wollten, und heckten in ihrem jugendlichen Leichtsinn mancherlei Streiche aus. So fiel es ihnen eines Tages ein, Erbsen auf die Treppe zum Hof zu streuen. Der Zufall wollte es, dass ausgerechnet der Schlosskaplan, ein stolzer, reizbarer Mensch, auf den Erbsen ausglitt und die Stufen hinunterrollte. Die frechen Junker hielten sich die Bäuche vor Lachen. Das nahm ihnen der Geistliche bitter übel. Ergrimmt eilte er zum Grafen und behauptete, er habe entdeckt, dass unter den Gefangenen der Mörder seines Vaters sei.

Der Graf ließ sogleich den Henker zu sich rufen und trug ihm auf: »Heute um Mitternacht enthauptest du so viele Verbrecher, wie Hornstöße vom Moritzturm erklingen!«, und dem Türmer vom Moritzturm sagte er: »Stoße heute um Mitternacht zwölfmal ins Horn!«

Als die Gräfin das harte Urteil hörte, bat sie ihren Gemahl inständig, Milde walten zu lassen und den Junkern das Leben zu schenken. Von ihren Bitten besänftigt befahl der Graf, die Todesstrafe in eine Scheinhinrichtung umzuwandeln. Allein der Mörder seines Vaters sollte enthauptet werden. Da die fromme Gräfin auch den Tod dieses Jünglings verhindern wollte, ließ sie den Türmer rufen und sprach: »Mein Mann ist heute schwer erzürnt, darum gehorche mir einmal mehr als ihm. Sollte es dir Schaden bringen, will ich dich schützen. Höre! Wenn der Bote, der dir vom Grafen den Befehl zum Blasen überbringt, fort ist, dann lässt du in deinem Zimmer Licht brennen und kommst zu mir. Das Todeszeichen wird nicht gegeben, und morgen wird dir mein Gemahl dafür Dank wissen.« Der Schlosskaplan hatte die beiden jedoch belauscht, und als er von der Tür wegschlich, murmelte er: »Ich werde es euch vergelten, ihr höhnt mich nicht mehr!«

Kurz vor Mitternacht wurden die zwölf Junker zum Richtplatz geführt, um ihnen Furcht einzujagen. Als der Türmer den Befehl zum Hornstoß erhielt, ließ er wie verabredet das Licht im Turmzimmer brennen und ging zur Gräfin, die ihn mit einer Kanne besten Weines bewirtete.

Der unheilige Mönch von Coburg

Die eindrucksvolle Veste Coburg zählt zu den größten Burgen Deutschlands.

Der Graf horchte zum Fenster hinaus, als es zwölf Uhr geschlagen hatte. Ein trauriger Hornruf erklang – noch einer und wieder einer. Der rachedurstige Geistliche war heimlich mit dem Horn auf den Turm gestiegen, und wirklich wurden auf seine Signale hin alle zwölf Gefangenen enthauptet. Voll Zorn, dass man seine Befehle missachtete, stürmte der Graf zum Moritzturm, entdeckte den Kaplan und hörte

Eine Burg wie aus dem Märchenbuch: die Coburger Veste

gerade noch, wie er in die Nacht hinaus schrie: »Euch hab ich's vergolten!« Da packte er den finsteren Mönch mit starker Hand und warf ihn über die Brüstung vom Turm hinab.

Seit dieser Zeit lässt sich regelmäßig ein Mönch mit einem Schlüsselbund, einem Rosenkranz und einem Wächterhorn auf dem Moritzturm sehen. Sein Erscheinen bedeutet nie etwas Gutes, und wenn der Stadt Gefahr droht, so hört man zwölf schaurige Hornstöße vom Turm schallen.

⌘ Luthers Prüfung ⌘

Legendär ist auch Martin Luthers Aufenthalt in Coburg während des Augsburger Reichstags im Jahr 1530. Da der Reformator als Geächteter nicht teilnehmen konnte, weilte er einige Monate auf der Veste. »Ein überaus reizender und für Studien geeigneter Ort«, befand Luther. Er blieb fast sechs Monate lang, arbeitete an seiner Bibel-Übersetzung und verfasste zahlreiche Schriften, Briefe und Predigten. Der Sage nach versuchte ihn der Teufel in Gestalt einer Ratte dabei zu stören, doch Luther warf einen Schemel nach dem Tier und zerschmetterte ihm ein Bein. Die beiden Zimmer, die er bewohnte, können in der Veste besichtigt werden.

> ### ⁌ Gut gebrüllt, Löwe! ⁌
>
> *Eine weitere Sage rankt sich um die beiden Löwen, die auf dem Marktbrunnen als Wasserspeier stehen: Als einst ein reicher Geizhals aus Coburg auf dem Sterbebett lag, bereute er seine Sünden aufs Tiefste. Um sich doch noch fürs Paradies zu empfehlen, fasste er den Entschluss, sein Geld einem Waisenhaus zu vermachen, mit der Bedingung, dass die Waisenkinder für seine Seele beten sollten. Der Abt des Barfüßerklosters hörte davon und eilte zu dem Sterbenden, um ihm die Sakramente zu reichen. Unterwegs dachte er: »Ich werde dem Mann zureden, dass er sein Hab und Gut nicht den Waisenkindern, sondern meinem Kloster vermacht.« Mit solch eigensüchtigen Gedanken zog der Abt jedoch Gottes Zorn auf sich: Als er am Marktbrunnen vorbeikam, brüllten die steinernen Löwen auf, stürzten sich auf den Unglücklichen und verschlangen ihn.*

Ausflugstipp: Auf Parkwegen zur Veste

Wie gemalt ragt die Coburger Veste mit ihren Türmen, Wehrmauern und Bastionen über der Stadt auf. Die großartige Anlage, die viele Stürme und Brände überdauert hat, zählt zu den größten Burgen Deutschlands, von ihren Bastionen aus reicht der Blick bei guter Fernsicht im Westen bis zur Rhön, im Osten bis zum Frankenwald und zum Fichtelgebirge.

Am besten verbindet man den Besuch der Veste mit einem Bummel durch Coburgs malerische Altstadt – schon, um die berühmten Coburger Bratwürste zu probieren. Günstig parken kann man auf dem Großparkplatz Anger (Ausfahrt »Stadtmitte«, an der Schützenstraße), von dort ist man in fünf Minuten am Markt. Sehenswert sind besonders das Rathaus und das Stadthaus mit den figurenbesetzten Giebeln und Erkern. Vom Schloßplatz aus führen verschiedene Spazierwege durch den Hofgarten in etwa 25 Minuten zur Veste hinauf. Sie können aber auch die Bimmelbahn, den »Veste-Express«, nehmen. Außerdem fahren zwei Buslinien (5 und 8) vom Markt aus die Veste an. Autofahrer können auch in einem weiten Bogen über die umliegenden Dörfer zum hochgelegenen Vesten-Parkplatz fahren (beschildert ab Ausfahrt »Stadtmitte/Veste«). Von dort sind es noch etwa 5–10 Gehminuten.

In der Veste sind zum einen historische Räume zu sehen – die Große Hofstube, die Luther-Zimmer und das rundum mit Intarsienbildern getäfelte Jagdzimmer –, darüber hinaus wertvolle Sammlungen:

Skulpturen und Gemälde altdeutscher Meister aus der Dürer-Zeit, Kupferstiche, Glas und Kunsthandwerk, prunkvolle Kutschen und Schlitten, Waffen und Rüstungen.

Gisela Lipsky

INFO

Anfahrt
ÖPNV: Vom Coburger Bahnhof 10 Gehminuten in die Innenstadt, außerdem fahren mehrere Stadtbus-Linien zum Markt.

Kfz: Von Norden kommend auf der A 73 bis Ausfahrt Coburg, dann weiter über die B 4 ins Stadtzentrum. Von Süden kommend auf der A 73 bis Ausfahrt Ebersdorf, weiter auf der B 303 bis Niederfüllbach. Dort auf die B 4 in Richtung Coburg weiter.

Informationen
Kunstsammlungen der Veste Coburg, 96450 Coburg, Tel. 0 95 61/8 79 79, www.kunstsammlungen-coburg.de, Apr–Okt tägl. 9.30–17.00, Nov–März Di–So 13.00–16.00, Eintritt 6,00 € (ermäßigt 3,00 € / Kinder 6–18 Jahre, Schüler und Studenten 1,00 € / Kinder bis 6 Jahre frei), Familienkarte 12,00 €, Audioguide 1,50 €.

Veste-Express, Tel. 01 77/6 62 35 35, www.geckobahn.de (unter »Coburg«). Abfahrt auf der Herrngasse (zwischen Markt und Schloßplatz), 10.00–17.00 im 1/2-Std-Takt, Fahrtzeit ca. 10 min.

Essen und Trinken
Burgschänke Veste Coburg, Veste Coburg 1, 96450 Coburg, auf der Bastei »Bunter Löwe«, Tel. 0 95 61/2 34 31 94 oder 01 72/7 91 61 14, www.burgschaenke-veste-coburg.de, Apr–Okt tägl. 10.00–18.30, Nov–März Mi–So 10.00–18.30, Mo und Di Ruhetag. Inkl. Café- und Biergartenbetrieb. Ritteressen auf Vorbestellung.

Extras
Abheben zum Selbstkostenpreis: Der *Aero Club Coburg* bietet Rundflüge übers Coburger Land, Tel. 0 95 63/72 60 40 (Vorstand), www.aeroclub-coburg.de

Informationen auch in der *Fliegerklause*, Flugplatz Brandensteinsebene (gegenüber vom Vesten-Parkplatz), Flughalle 2, 96450 Coburg, Tel. 0 95 61/7 52 29, Mi–Fr 15.00–20.00, Sa–So 11.00–20.00.

Wirklich lecker sind die berühmten Coburger Bratwürste, die im Rohzustand 31 cm – wie der Marschallstab des Stadtheiligen St. Moritz (Fundort Nr. 16) – messen sollen. Erst die Kiefernzapfenglut verwandelt sie in halbwegs handliche Würste.

Unterfranken

25 Hertha, hilf!
Der Hohle Stein bei Reutersbrunn

In den Haßbergen, tief im Wald versteckt, gab es vor Zeiten einen Wallfahrtsort, den die vorchristlichen Bewohner aufsuchten, um Heilung zu erlangen: den Hohlen Stein. Die Herrin des Heiligtums war die germanische Göttin Hertha, Mutter der Erde, zuständig für Fruchtbarkeit und Wachstum. Hertha war den Menschen stets wohlgesonnen. Die Göttin segnete die Felder und Fluren mit Früchten, fuhr, wenn die Erntezeit gekommen war, in einem Wagen, der von schneeweißen Kühen gezogen wurde, durchs Land, und überall, wohin sie kam, wurde sie mit Jubel begrüßt. Wenn sie sich am Anblick der Menschen gesättigt hatte, pflegte Hertha, von einem geweihten Priester begleitet, in ihrem heiligen See zu baden. Die Diener aber, die dabei hilfreiche Hand leisteten, wurden im See ertränkt, denn wer die Göttin in ihrem Glanz mit ungeweihten Augen geschaut hatte, musste sterben.

Die Menschen, die zu Herthas Heiligtum in den Haßbergen pilgerten, hatten freilich nichts zu befürchten, denn hier wirkte sie als Heilerin. Wer mit schlecht heilenden Wunden, Krankheiten und Gebrechen geschlagen war, konnte die Göttin um Hilfe bitten. Das wusste die Pilgerin, die dem schmalen Pfad zum Hohlen Stein folgte, wohl. Sie seufzte vor Erleichterung, als sie die Felsgruppe mit dem ummauerten Eingang erblickte – endlich war sie am Ziel. Geschwind kehrte sie zum Bachlauf zurück, der dem Weg gefolgt war, und wusch Gesicht und Hände, um der Göttin reinen Angesichts entgegenzutreten.

Am Hohlen Stein brannte ein kleines Feuer, daneben wachte ein Priester, der die rituelle Frage nach ihrem Begehr stellte. Mit gesenktem Kopf murmelte die Pilgerin, sie leide unter inneren Schmerzen, die nicht weichen wollten. Der Priester gab eine Handvoll Kräuter in eine kleine Schale, entzündete sie und fächelte den reinigenden Rauch mit einer Vogelschwinge auf die Pilgerin, vom Scheitel bis zu den Sohlen. »Sei willkommen in Herthas Heiligtum«, sprach er, bot ihr einen Trank aus dem Kessel, der auf einem Dreifuß über dem Feuer köchelte, einen würzigen Sud, der ihr warm durch die Brust in den Magen rann, und hieß sie einzutreten.

»Habt Dank«, erwiderte die Pilgerin und betrat die kleine, in den Stein hineingemeißelte Höhle. Auf dem Felsabsatz, wo die Höhle endete, stand eine Schale mit Früchten. Die Pilgerin legte ihre Gaben dazu, ließ sich auf dem steinernen Lager an der Wand nieder, schloss die Augen

Der Hohle Stein bei Reutersbrunn

Die alten Germanen verehrten Hertha unter dem Namen »Nerthus«.

und bat die Göttin inbrünstig darum, ihre Schmerzen zu lindern. Sie wusste nicht, wieviel Zeit vergangen war. Als sie die Augen aufschlug, fühlte sie sich jedoch erfrischt wie nach einem langen, erholsamen Schlaf. Die Mutter der Erde hatte ihr Flehen erhört. Aus tiefstem Herzen sprach sie ein Dankgebet, dankte auch dem Priester und ging leichteren Schrittes als sie gekommen war, zurück in die Wälder.

Schwein gehabt: die Gaben der Göttin

Die hilfreiche Hertha war offenbar auch die Vorläuferin des Weihnachtsmannes. Denn zum Jul-Fest am Tag der Wintersonnenwende flog die germanische Göttin in einem Wagen, der vom Schwein »Gullinborsti« (Goldborste) gezogen wurde, durchs Land und brachte den Kindern Geschenke. Wer sie sah, hatte »Schwein gehabt«. Der Name Hertha soll übrigens durch einen Lese- und Übertragungsfehler entstanden sein. Bei Tacitus, der in seiner Germania von ihr berichtete, hieß die Göttin Nerthus.

Tanz auf dem Felsdach

Keramikfunde deuten darauf hin, dass sich die Dorfbewohner im Dreißigjährigen Krieg am Hohlen Stein versteckten. Anfang des 20. Jahrhunderts soll dort ein Einsiedler gelebt haben. Nahrung schaffte ihm angeblich

> *sein Hund herbei, den er mit einem Korb im Maul ins Dorf schickte. Auf dem Sandstein-Plateau, dem »Dach« der Felsgruppe, fanden bis in die 1930er-Jahre hinein Tanz- und Sommerfeste statt, ein Brauch, der mit dem Zweiten Weltkrieg unterging.*

Ausflugstipp: Von Reutersbrunn zum Hohlen Stein

Kurz nach dem Ortsende von Reutersbrunn, auf der Straße nach Unterpreppach, geht nach links ein breiter Wanderweg zum Hohlen Stein ab, der bis zum Waldrand mit dem Auto befahren werden kann. Ausgeschildert ist der Weg bereits in Reutersbrunn, von dort beträgt die Strecke 3 Kilometer. Wenn man am Waldrand parkt, gelangt man in etwa 35 Minuten zum Hohlen Stein. Zunächst führt der mit einem Fuchs und der Büste des Dichters Rückert gekennzeichnete Forstweg an Feldern und einer Waldwiese vorbei in den Wald. Linker Hand folgt ein Bachlauf, am Ende steigt der Weg in einer großen Kurve gemächlich an zum Hohlen Stein, einer Felsgruppe oberhalb des Weges, in der sich die kleine Höhle mit dem ummauerten Eingang befindet. Die sagenhafte Kultstätte ist in den blanken Felsen geschlagen und lässt auch eine Art steinernes Lager erkennen. Am besten stecken Sie selbst ein-

Kultstätte, Zufluchtsort und Einsiedlerklause: der Hohle Stein bei Reutersbrunn

mal den Kopf hinein und probieren aus, ob die legendären Heilkräfte der Göttin wirken!

Gisela Lipsky

Anfahrt
ÖPNV: Mit dem Zug R 26 von Bamberg nach Ebern. Vom Bahnhof in Ebern kommen Sie durch die Stadtmitte über die Ritter-von-Schmitt-Str. nach Ebern-Sandhof an der B 279, von da mit dem Fuchs-Rundwanderweg nach Reutersbrunn (insgesamt ca. 4 km).
Kfz: Auf der A 73 bis Ausfahrt Breitengüßbach-Mitte, dann auf der B 279 über Baunach und Reckendorf Richtung Ebern. Kurz vor Ebern links ab über Heubach nach Reutersbrunn.

Information
Tourist-Information Ebern, Ritter-von-Schmitt-Str. 8, 96106 Ebern, Tel. 0 95 31/6 29 14, www.ebern.de

Essen und Trinken
Thermoskanne und belegte Brote einpacken! Am Hohlen Stein gibt es einen Picknick-Tisch.

Extra
In die vorchristliche Vergangenheit wandern kann man auf dem Kelten-Erlebnisweg, der zu Höhensiedlungen, Grabhügeln und Bodendenkmälern in den Haßbergen und Thüringen führt. Den ausführlichen Faltprospekt mit Wanderkarten, kleiner Keltenkunde, Hinweisen auf Museen und vielen Extra-Tipps können Sie beim Tourismusverband Franken e. V. bestellen (Wilhelminenstr. 6, 90461 Nürnberg, Tel. 09 11/94 15 10) oder als interaktive Broschüre auf www.kelten-erlebnisweg.de abrufen.

26 Blutige Rache
Die Raubritter vom Steinrangen

Auf dem Steinrangen hauste einst ein Ritter, der die ganze Gegend in Angst und Schrecken versetzte. Seine Söhne und Töchter waren nicht besser als er, nur die Burgfrau hatte sich ein gutes Herz bewahrt, konnte dem wüsten Treiben ihrer Sippe aber keinen Einhalt gebieten.

Es war im Jahr 1525, zu Beginn des Bauernkriegs, als der Ritter an einem hellen Sommerabend mit seinen Spießgesellen im Dorf Großenhausen einfiel. Mit roher Gewalt ergriff die Bande ein hübsches Bauernmädchen und verschleppte es auf ihre Burg. Der Bräutigam des Mädchens war außer sich und setzte alles daran, die Dorfbewohner zu einem Überfall auf die Steinrangenburg anzustiften. Bei den ohnehin aufrührerischen Bauern fielen seine Worte auf fruchtbaren Boden; in der Kirchweihnacht drang die mit Äxten, Sensen und Mistgabeln bewaffnete Schar in die Feste ein.

Dem gefangenen Mädchen war es indessen gelungen, den Torwächter für sich zu gewinnen. Auf ihr Geheiß ließ er die Zugbrücke herunter, über die nun die wütenden Bauern hereinstürzten und alles niedermetzelten, was ihnen in den Weg kam. Das Mädchen selbst stieß der Burgfrau ein Messer in die Brust. Die Sterbende verfluchte ihre Mörderin und ihre eigene ruchlose Sippe. Die ganze Burgbesatzung, der Ritter und vier seiner Söhne wurden erstochen und erschlagen, nur der fünfte Sohn entkam dem Gemetzel. Die Burg aber wurde in Brand gesteckt und so zerstört, dass kein Stein mehr auf dem anderen blieb. Damit nicht genug, zogen die Bauern weiter nach Bundorf und erschlugen die drei Töchter des Ritters, die dort beim Kirchweihtanz waren. Ihre Leichen warf man in einen Weiher, der in der Nähe der zerstörten Feste lag.

Die Geister der Verfluchten irren indes bis zum heutigen Tage umher – die Verwünschungen der sterbenden Burgfrau haben sich auf schreckliche Weise erfüllt. Nacht für Nacht sitzt ihre Mörderin dort, wo sich einst die Burg erhob, und weint. Dem kopflosen Burgherrn kann man unterhalb des Steinrangen, auf der Straße zwischen Bundorf und Aub, begegnen. Sein Kopf aber, den die Bauern auf eine Pike gesteckt und später in die Baunach geworfen hatten, rollt um Mitternacht als feurige Kugel durch den Baunachgrund.

In grausiger Gestalt gehen die vier ermordeten Söhne des Ritters um. Auf der Straße nach Sulzdorf trifft man zur Geisterstunde einen

Blutiger Aufstand: Besonders heftig tobte der Bauernkrieg in Franken.

kräftigen Mann, der einem schweigend folgt und keine Frage beantwortet, Richtung Obereßfeld spukt ein schwarzer Hund mit glühenden Augen. Das dritte Gespenst, das Reisenden auf der Straße nach Neuses auflauert, nimmt die Gestalt eines verstorbenen Familienmitglieds an. Am unheimlichsten treibt es jedoch der vierte der geisternden Söhne, der dem Wanderer auf dem Wiesenpfad zwischen Bundorf und Neuses als doppelgängerisches Spiegelbild erscheint.

Auch die Töchter des Ritters fanden keine Ruhe. Jahr für Jahr erschienen sie, kostbar gewandet, zum Bundorfer Kirchweihtanz, verschwanden jedoch stets unbemerkt. Ein Hirte, der den schönen Mädchen eines Nachts heimlich folgte, sah sie in einem Teich in der Nähe des Steinrangen untertauchen. Als er sich über das Wasser beugte, zogen sie ihn mit ihren kalten Armen in die Tiefe. Er kehrte nie zurück, und auch die Mädchen wurden seitdem nie mehr gesehen.

Der fünfte Sohn des Ritters, der dem Blutbad entronnen war, floh in den Norden und nahm Dienst im schwedischen Heer. Sein Enkel, gleichfalls schwedischer Offizier, übte im Dreißigjährigen Krieg blutige Rache, als er nach Großenhausen kam. Er ließ das Dorf in Brand stecken und trieb die fliehenden Bauern mit seiner Truppe erbarmungslos zurück in die Flammen ihrer brennenden Häuser. Von den Ruinen des Ortes sind heute kaum mehr Spuren zu erkennen.

❧ Kampf den Burgen und Schlössern ✥

Im Jahr 1524 stöhnten die Bauern unter der Last wachsender Abgaben, die Grund- und Landesherren beschnitten stetig ihre Rechte und schreckten dabei nicht vor Lügen und Gewalttaten zurück. Wenn die Geschädigten sich wehrten, fanden sie keinen unparteiischen Richter. Die Bauern hatten jedoch längst erkannt, dass Gott alle Menschen gleich erschaffen hatte. Zunächst strebten sie Verträge zur Verbesserung ihrer Lage an. Als aber die Fürsten kein Entgegenkommen zeigten, brach der große Aufstand aus. Am stärksten wütete der Kampf in Franken, doch letztlich hatten die ungeordneten bäuerlichen Haufen den Heeren der Fürsten nichts entgegenzusetzen. Die Rache der Herren war fürchterlich. Aufständische Dörfer wurden niedergebrannt, über 100 000 Bauern fanden den Tod auf dem Schlachtfeld, Hunderte von ihnen auf dem Richtblock des Henkers.

❧ Vom Raubritter zum Schweden-Offizier ✥

Bemerkenswert ist, dass sich die Sage von der Steinrangenburg über einen Zeitraum von über hundert Jahren erstreckt, vom Raubritter, den die aufgebrachten Bauern umbringen, bis zu seinem Urenkel, dem schwedischen Offizier, der als späte Vergeltung das Dorf niederbrennen lässt (Großenhausen wurde tatsächlich im Dreißigjährigen Krieg zerstört). Daraus ließe sich schließen, dass hier ein historischer Hintergrund gegeben ist. Es gibt jedoch keinerlei Anzeichen dafür, dass auf dem Steinrangen jemals eine Burg gestanden hat – der Ursprung der blutrünstigen Sage bleibt also im Dunkeln.

Ausflugstipp: Vom Reutsee zum Wasserschloss

Das verwunschene Eck zwischen Sulzdorf, Bundorf und Aub, in dem die ruhelosen Geister der Raubritter ihr Unwesen treiben sollen, lässt sich bestens bei einer Wanderung zum einsam gelegenen Wasserschloss Brennhausen erkunden. Ausgangspunkt der elf Kilometer langen Runde ist der Reutsee am Rand von Sulzdorf. Unser Weg führt zunächst am Ostufer des idyllisch gelegenen Sees entlang, dann in einiger Entfernung links ab um ihn herum durch den Wald. Nach etwa einem Kilometer folgen wir der »Salamander«-Markierung nach links, kurz darauf nach rechts und bei der nächsten Gabelung wieder nach

Die Burg Brennhausen liegt idyllisch inmitten eines kleinen Sees.

rechts und gelangen an den Waldrand. Dort sehen wir schon das Wasserschloss, dessen Ursprünge bis ins 13. Jahrhundert zurückgehen. Abweisend ragt es auf einer Terrasse über dem Burgteich auf, die hohen Mauern spiegeln sich im Wasser – ein Anblick, bei dem man sich nach England oder Irland versetzt fühlt.

Wir folgen dem Weg durch den Schlosshof Richtung Aub. An der nächsten Abzweigung im Wald geht es nach rechts und kurz danach links am Waldrand entlang in den Ort. Wir biegen links ein in die Hauptstraße, folgen ihr ein Stück und schlagen dann am Sportplatz vorbei den Rückweg ein. Im Wald folgen wir dem quer verlaufenden Forstweg nach rechts, hinauf zum Waldrand, wo wir auf eine Gedenkstätte der Freiherren von Bibra stoßen. Hier bietet sich ein schöner Blick auf das Barockschloss Sternberg und den Bayernturm, der zu DDR-Zeiten Besucher aus aller Welt anlockte, die einen Blick auf die Grenzanlagen und über den Todesstreifen nach Thüringen werfen wollten. Wir folgen dem »Salamander« weiter durch den Wald, bis wir auf die Straße von Sulzdorf nach Brennhausen treffen, die uns zurück zum Ausgangspunkt führt.

Gisela Lipsky

Anfahrt

ÖPNV: Vom Bahnhof in Schweinfurt mit Bus 8170 nach Bad Königshofen, von dort mit Bus 8009 nach Sulzdorf.

Kfz: Auf der A 73 bis Ausfahrt Breitengüßbach-Mitte, dann rund 40 Min auf der B 279 über Baunach, an Ebern vorbei, durch Maroldsweisach und Ermershausen, bis Sulzdorf. Von der Hauptstraße links ab in die Brennhäuser Straße, rechts ab zum Reutsee, am Parkplatz der Ferienhaussiedlung parken.

Information

Tourist-Information Haßberge, Marktplatz 1, 97461 Hofheim i. Unterfranken, Tel. 0 95 23/5 03 37 10, www.hassberge-tourismus.de

Essen und Trinken

Gast- und Jägerhof, Kleines Dorf 11, 97631 Bad Königshofen OT Aub, Tel. 0 97 61/10 44, www.jaegerhof-aub.de, Fr 18.00–24.00, Sa–So und Fei 9.00–1.00. Warme Küche jeweils bis 22.00. Kleingruppen nach Vereinbarung auch an anderen Tagen möglich.

Extra

Im Bundorfer Forst sind zwar keine Spuren der sagenhaften Raubritterburg zu finden, doch zwischen dem kleinen Haßberg und dem bewaldeten Höhenrücken des Steinrangen befinden sich Reste einer alten Landwehr: ein vier Meter breiter und noch etwa ein Meter hoher Wall, dem auf der Ostseite ein Graben vorgelagert ist.

Tod eines Märtyrers   27
Der Frankenapostel St. Kilian

Der junge Kilian, Spross einer irischen Adelsfamilie, war so vom Christentum beseelt, dass er mit frommem Eifer alles tat, was er für das Heil der Seelen als wichtig erachtete. Vor allem die Verbreitung des Glaubens lag ihm am Herzen, und so wollte er hinausziehen in die Welt, das Wort Gottes zu verkünden. Er versammelte seine Gefährten und Schüler um sich und sprach zu ihnen: »Wer mein Jünger sein will, der nehme sein Kreuz auf und folge mir nach.« Mitgerissen von seinen leidenschaftlichen Reden machten sich elf Getreue mit ihm auf, das Vaterland zu verlassen, bereit für die fromme Mission alles aufzugeben, was ihnen lieb war.

Auf ihrer Wanderschaft kamen die Gottesmänner auch nach Rom, wo Kilian beim Papst vorstellig wurde. »Ich habe«, sprach der Heilige Vater, »von deiner wunderbaren Begabung zu predigen gehört und darum eine große Aufgabe für dich. Gehe über die Alpen und bekehre dort die Heiden zum rechten Glauben.«

Noch am selben Abend trat Kilian mit seinen Gefährten Kolonat und Totnan den beschwerlichen Rückweg nach Norden an. Viele Tage und Nächte waren sie unterwegs, bis sie schließlich an den Main kamen und dort entlang nach Würzburg. Das liebliche Frankenland gefiel den Predigern, und auch der Wein, den der fruchtbare Boden hervorbrachte, mundete ihnen. Wichtiger aber war ihnen, dass sie in ein Gebiet vorgedrungen waren, in dem noch viele Heiden lebten und auf das sie ihre Saat streuen konnten. Die Früchte ließen nicht lange auf sich warten. Dank ihrer Kenntnisse in Ackerbau und Viehzucht gewannen die Missionare schnell das Vertrauen der Würzburger, und bald fanden auch ihre Predigten Gehör.

Auch der Herrscher von Franken, Herzog Gosbert, gehörte nach kurzer Zeit zu den glühenden Bewunderern der Wanderbischöfe und verlangte danach, getauft zu werden. Da der Herzog aber mit Gailana, der Frau seines verstorbenen Bruders, vermählt war, stellte ihm Kilian eine Bedingung: »Wir können dich erst in unsere Gemeinschaft aufnehmen, wenn du diese vor Gottes Augen schändliche Verbindung gelöst hast.« Als Gailana von dieser Forderung hörte, wallte unbändiger Hass in ihr auf. Nicht noch einmal wollte sie Mann und Macht verlieren, und so ersann sie einen Plan. In Abwesenheit des Herzogs befahl sie zwei Bediensteten, die Missionare zu ermorden. »Wenn sie erst tot

Opfer eines heimtückischen Anschlags: der heilige Kilian und seine beiden Gefährten

sind«, dachte sie bei sich, »wird Gosbert zu mir zurückkehren und das Land wieder frei sein von der Christenbrut.«

Zur Nachtzeit also, als Kilian, Totnan und Kolonat beim Gebet saßen, fielen die bezahlten Mörder mit gezückten Schwertern über sie her. Über die Bibel, die ihnen die Missionare entgegenhielten, lachten sie nur. »So denn, meine Brüder«, sprach da Kilian zu seinen Freunden, »folgt mir ohne Furcht auf dem Weg zu unserem Herrn.«

Eilig luden die Meuchler die drei enthaupteten Leichname auf einen Karren, zogen ihn fort, verscharrten die Leiber auf einer Wiese und bauten einen Pferdestall darüber, den jedoch jedes Pferd scheute.

Gailana aber berichtete dem Herzog nach seiner Rückkehr, die Missionare seien weitergezogen. Doch er schenkte ihr keinen Glauben und ließ nach ihnen suchen – vergeblich. Nach langer Zeit jedoch meldete sich ein altes Weiblein beim Herzog. Vom Regen überrascht, hatte es in dem Pferdestall Schutz gesucht, als sich plötzlich der Lehmboden der Hütte blutrot färbte. Gosbert ließ sofort den Pferdestall untersuchen und siehe, man fand die Toten – wie durch ein Wunder unversehrt. Die beiden Mörder gestanden schließlich ihre Tat. Der eine richtete sich selber mit dem Schwert, der andere biss sich im Wahn die Finger der rechten Hand ab. Gailana aber wurde in ein tiefes Verlies gesperrt und noch in der Nacht vom Teufel geholt.

> ### ⁂ Kilian und seine Mission ⁂
>
> *Mit dem Römischen Reich verbreitete sich das Christentum in ganz Europa. Besonders in Frankreich und auf den Britischen Inseln fiel es auf fruchtbaren Boden. Ab dem 5. Jahrhundert zogen iro-schottische Mönche auf das Festland, um die Germanen zu missionieren. Da die Volksreligion in der Regel vom jeweiligen Herrscher bestimmt wurde, setzten die selbst ernannten Wanderbischöfe alles daran, zunächst die Mächtigen zu bekehren.*
>
> *Um 680 soll das auch dem irischen Mönch Kilian beim Frankenfürsten Gosbert in Würzburg gelungen sein. Die Quellenangaben zu Kilians Biografie sind jedoch äußerst dürftig. Nur eine hundert Jahre nach seinem Tod verfasste, wahrscheinlich stark mystifizierte Legende berichtet über sein Leben. Geburtsjahr und -ort bleiben ebenso ungewiss wie Ordinationen und Bischofsweihe. Selbst, dass Kilian 689 den Märtyrertod erlitt, ist fraglich, denn solche Motive wurden bei Heiligsprechungen immer wieder verwendet. Da er kein Kloster hinterließ (wie es viele andere Wanderbischöfe taten), sind seine Spuren nur schwer nachzuweisen. Der Kilians-Kult entstand erst in der zweiten Hälfte des 8. Jahrhunderts; 788 wurde er zum fränkischen Reichsheiligen erhoben. Die Häupter der drei Frankenapostel Kilian, Kolonat und Totnan sind im Hochaltar des St.-Kiliansdoms in Würzburg beigesetzt, ihre Gebeine befinden sich in einem Schrein in der nahe gelegenen Neumünsterkirche.*

Ausflugstipp: Aufstieg zur Festung Marienberg

Der Weg zum Würzburger Wahrzeichen dauert vom St.-Kiliansdom aus etwa 15 Minuten und führt zunächst über die Domstraße bis zur Alten Mainbrücke. Dort, inmitten der zwölf Heiligenfiguren, hat man einen einzigartigen Blick auf die Stadt. Auf der anderen Seite des Mains ragt der Marienberg auf. Hoch oben thront die um 1200 gegründete Festung.

Hoch über der Stadt ragt die Würzburger Festung Marienberg auf.

Nach Querung der Brücke geht es über die Saalgasse und dann rechts via Zeller Straße durch die Schloßgasse hinauf zur Festung. Der älteste Teil der heutigen Anlage ist die Marienkirche, die im Jahre 706 geweiht wurde. Ganz oben auf dem Portal der Rundkirche sind drei Steinfiguren zu sehen. Es handelt sich um die Mutter Gottes, den Frankenapostel Kilian und den ersten Würzburger Bischof Burkhard. Von 1253 bis 1720 diente die Festung als Residenz der Würzburger Fürstbischöfe. Im frühen 16. Jahrhundert wurde mit dem Umbau zum Renaissanceschloss begonnen. Nach der Eroberung durch Gustav Adolf von Schweden erfolgte der Ausbau zur Barockfestung und die Anlage des Fürstengartens in seiner heutigen Form. Im Zeughaus der Festung befinden sich die großen Weinpressen, die ein Zeugnis der langen Weinbaugeschichte dieser Region sind. Außerdem kann man das Mainfränkische Museum besichtigen, das eine große Sammlung fränkischer Kunstwerke beherbergt und Holzplastiken des berühmten Tilman Riemenschneider zeigt.

Gaby Ullmann

Anfahrt

ÖPNV: Apr–Okt fährt in regelmäßigen Abständen (1/2–1 Std.) die Touristenbuslinie 9 vom Residenzplatz im Würzburger Stadtzentrum zur Festung.

Kfz: Von Norden kommend auf der A 7 bis Kreuz Würzburg/Estenfeld, dann auf der B 19 an Estenfeld vorbei in Richtung Würzburg-Stadtmitte. Von Süden kommend auf der A 3 bis Ausfahrt Würzburg-Heidingsfeld, dann ebenfalls auf der B 19 der Ausschilderung Richtung Stadtmitte folgen. Parkmöglichkeiten gibt es z. B. im Wöhrl-Parkhaus am Oberen Mainkai, nahe des Doms. Auch bei der Festung befinden sich viele Parkplätze.

Informationen

Tourist-Information Würzburg, im Falkenhaus, Marktplatz 9, 97070 Würzburg, Tel. 09 31/37 23 98, www.wuerzburg.de

Kiliansdom, Domstr. 43, 97070 Würzburg, Führungen Apr–Okt tägl. 12.30. Eintritt 4,00 €. Kartenverkauf über Dominfo, Domstr. 40, Tel. 09 31/38 66 29 00, Mo–Sa 9.30–17.30. Weitere Informationen auf www.dom-wuerzburg.de

Festung Marienberg, Oberer Burgweg, 97082 Würzburg, Führungen Mitte März–Okt Di–Fr 11.00, 14.00, 15.00 und 16.00, Sa–So und Fei 10.00–16.00 (zur vollen Std., außer um 12.00), um 15.00 auch in Englisch. Nov–Mitte März Sa–So und Fei 11.00, 14.00 und 15.00. Eintritt 4,50 € (ermäßigt 3,50 €). Weitere Informationen über Schloss- und Gartenverwaltung, Residenzplatz 2 (Tor B), 97070 Würzburg, Tel. 09 31/35 51 70, www.schloesser.bayern.de (unter »Schlösser« > »Würzburg« > »Festung Marienberg«).

Besonderheit

Über Weinfeste in und um Würzburg informiert der Weinfestkalender des Fränkischen Weinbauverbandes (Tel. 09 31/39 01 10) auf www.frankenwein-aktuell.de (unter »Erlebnis Frankenwein« > »Veranstaltungen«).

Essen und Trinken

Ein Würzburgbesuch ohne Frankenwein-Probe ist für viele nur eine halbe Sache. Besonders empfehlenswert sind die Führungen durch die drei bekanntesten Weinkeller der Stadt:

Juliusspital, Juliuspromenade 19, 97070 Würzburg,
  Tel. 09 31/3 93 14 01, www.juliusspital.de (unter »Weingut« > »Wein.Veranstaltungen« > »Führungen im Juliusspital«), Führungen 1. März–13. Dez:
  »Blick hinter die Kulissen« Fr 17.00 und 18.00, Sa 16.00 und 17.00 (im Okt zusätzl. 15.00).
  »Die Stiftung Juliusspital« So 10.30.
  Kosten jeweils 12,00 €. Treffpunkt am Brunnen im Park des Juliusspitals, Eingang Koellikerstr.
Bürgerspital, Theaterstr. 19, 97070 Würzburg,
  Tel. 09 31/3 50 34 03, www.buergerspital.de (unter »Weingut« > »Zu Gast im Weingut« > »Führungen«), Kellerführung Ende März–Ende Okt Sa 14.00 (Sep–Okt zusätzl. 16.00). Kosten 7,00 €. Treffpunkt im Weinhaus des Bürgerspitals, Ecke Theater-/Semmelstr.
Staatlicher Hofkeller Würzburg, Rosenbachpalais, Residenzplatz 3, 97070 Würzburg, Tel. 09 31/3 05 09 23, www.hofkeller.de (unter »Veranstaltungen« > »Führungen«), 1. März–20. Dez Fr 16.30 und 17.30, Sa–So und Fei 10.00–12.00 und 14.00–16.00 (Sa zusätzl. 17.00), jeweils zur vollen Std. Kosten 7,00 €. Treffpunkt am Franconiabrunnen auf dem Residenzplatz.

Extras

Schiffsfahrten auf dem Main von Würzburg nach Veitshöchheim (Dauer ca. 40 Min.) bieten an:
Schiffstouristik Würzburg Schiebe und Kurth,
  Tel. 09 31/5 85 73, www.schiffstouristik.de, Mai–Sep tägl. 10.00–17.00 (stündl.). Apr und Okt Mo–Fr 11.00, 14.00 und 15.30, Sa–So und Fei ab 10.00 (stündl.).
Veitshöchheimer Personenschifffahrt, Tel. 09 31/5 56 33, www.mainschifffahrt.de, Mai–Sep Mo–Fr 10.00–16.00 (stündl.), Sa–So und Fei bis 17.00, Apr tägl. 11.00, 14.00 und 15.30, Okt Mo–Fr 11.00, 14.00 und 15.30, Sa–So und Fei 10.00–15.00 (stündl.).
Beide Veranstalter legen am Alten Kranen nahe dem Congress Centrum (Turmgasse 11, 97070 Würzburg) ab. Einfache Fahrt 8,00 € (ermäßigt 5,00 €), Hin- und Rückfahrt 11,00 € (ermäßigt 6,50 €).

Ertappt! 28
Die Hexen vom Dillberg

Samstagnachts, so munkelten die Leute von Lengfurt und Heidenfeld über Generationen hinweg, gehe es wild zu draußen am Dillberg. Dort am Brünnlein an der Lichtung nämlich, hieß es, kämen nach Einbruch der Dunkelheit die Hexen zusammen, um gemeinsam zu tanzen, zu feiern und unzüchtige Dinge zu treiben. Und wer es wagen sollte, sie bei ihrem Fest zu stören, dem würden sie nicht nur körperliches Leid zufügen, er wäre auch mit dem Wahnsinn geschlagen bis ans Ende seiner Tage.

Einen jungen Burschen aus Heidenfeld aber konnten diese Erzählungen nicht schrecken. Im Gegenteil. Je häufiger er davon hörte, desto neugieriger wurde er. Und weil er auch ein recht prahlerischer Geselle war, gab er, als gerade Kirchweih war, vor großer Runde an. »Morgen nach Sonnenuntergang«, rief er seinen Kumpanen zu, »werde ich zum Brünnlein gehen und mir diese Hexen einmal von Nahem ansehen. Für jeden ein Seidlein Bier wette ich, dass sie mich nicht entdecken werden!«

Keiner der Kirchweihgänger konnte sich vorstellen, wie der Bursche das bewältigen wollte, und jeder riet ihm mit eindringlichen Worten, sich nicht so töricht in Gefahr zu bringen. Der Jüngling aber wurde dadurch nur noch abenteuerlustiger.

Was die Leute aber nicht wussten, war, dass der Heidenfelder schon einen Plan hatte, wie er dem Hexentreiben zusehen konnte, ohne selbst entdeckt zu werden. Seine Urgroßmutter hatte ihm erzählt, man würde für Hexen unsichtbar, wenn man seine Kleider verkehrt herum trüge. Am nächsten Abend zog der Bursche also zum Dorf hinaus und auf den Dillberg hinauf, der damals dicht mit Eichen, Buchen und Birken bewachsen war. Hinter einem Busch zog er seine Kleider aus, drehte sie auf links und zog sie sich wieder über. Dann kletterte er auf einen Baum und harrte der Dinge.

Lange saß er in den Ästen, ohne dass sich etwas regte. Schließlich aber hörte er vom Dorf her die Kirchenglocken Mitternacht schlagen. Kaum war der letzte Ton verklungen, da zogen auf einmal dunkle Wolken über den sternklaren Himmel und aus ihnen sprangen auf ihren Besen die schauerlichsten Hexen. Mit wildem Geschrei ritten sie über die Lichtung, und als sie davon genug hatten, fingen sie ein feudales Gelage an, kreischten und lachten, sangen und tanzten nackt im Mondschein.

Dem heimlichen Zuschauer auf dem Baum fielen fast die Augen aus den Höhlen, doch er hütete sich, auch nur einen Mucks von sich zu geben. Und so wäre vielleicht alles gut gegangen, wenn dem Burschen nicht ein Malheur passiert wäre. Er hatte nämlich vergessen, auch das Innenfutter seiner Taschen umzudrehen, und so kam es, dass ihn die Hexen doch entdeckten. Sie sprangen auf ihre Besen, umkreisten den Baum, auf dem der Heidenfelder saß, und bewarfen ihn mit Steinen. Nur mit Müh und Not hielt sich der Jüngling auf den Ästen. Er konnte von Glück sagen, dass wenig später die Sonne aufging und die Hexen mit hämischem Gelächter davonstoben. Mit tiefen Wunden, mehr tot als lebendig, kroch das neugierige Bürschlein nach Hause. Lange Zeit brauchte er, um wieder zu genesen, und wegen seiner prahlerischen Reden konnte er auch nicht mit dem Mitgefühl der anderen Dorfbewohner rechnen. Das Seidlein Bier aber hat er ihnen natürlich zahlen müssen.

❧ Frankens letzte Hexe ❧

Wildes Treiben im Mondschein, unzüchtige Exzesse, Kräuterzauber und böse Blicke: Hexen haben von jeher die Fantasie der Menschen beflügelt. Im Namen Gottes wurden Frauen, die nicht ganz den Normen der Gesellschaft entsprachen, zum Sündenbock für jegliches Unglück erklärt – und ermordet. Im 16. und 17. Jahrhundert erreichte der Hexenwahn seinen Höhepunkt. Selbst im überwiegend protestantischen Franken gab es nach vorsichtigen Schätzungen Zehntausende von Hexenverbrennungen.

Die letzte Hinrichtung fand am 21. Juni 1749 in Würzburg statt. Das Opfer, Maria Renata Singer von Mossau, hatte über 50 Jahre lang im Frauenkloster Unterzell gelebt, war mit der Zeit zur Superiorin aufgestiegen und kümmerte sich um geistig verwirrte Frauen. Wegen ihrer Strenge aber war sie sehr unbeliebt, und so kam es, dass eine junge Nonne sie beschuldigte, die Klosterfrauen verhext zu haben. Weil Maria Renata Singer auch nachtwandelte und im Alter zunehmend verwirrter wurde, ordnete der Klosterprobst die Untersuchung ihrer Zelle an und behauptete, dass Zauberwurzeln und ein gelber Zauberstab gefunden worden waren. Nach mehreren überaus bizarren Prozessen wurde sie in der Festung Marienberg enthauptet, ihr Körper im Hexenbruch verbrannt und ihr Kopf auf eine Stange gespießt – mit Blick auf das Kloster Unterzell.

Hexentreiben bei Vollmond

Ausflugstipp: Mit dem Rad durchs Weinland

Vom Hexenbrünnlein am Dillberg ist nicht mehr viel zu sehen. Auch der dichte Wald hat sich gelichtet und Platz gemacht für Häuser und Straßen. Vor wildem Hexentreiben brauchen Sie also keine Angst zu haben, wenn Sie dem Hügel südlich von Marktheidenfeld einen Besuch abstatten – zum Beispiel mit dem Rad. Der knapp 45 Kilometer lange »Schoppen-Radweg« (Markierung: »Weinschoppen und Fahrrad«), der durch neun Weinorte führt, beginnt für uns am Lohgraben-Parkplatz in Marktheidenfeld, führt am Dillberg vorbei und dann, immer schön links des Mains entlang, über Lengfurt und Homburg bis nach

Die Hexen vom Dillberg

Saftige Tour: Der Schoppen-Radweg führt am Dillberg vorbei durch neun Weinorte.

Bettingen. Von hier geht es über die Autobahn, durch ein Wäldchen und an Weinbergen vorbei hinunter nach Dertingen.

Folgen Sie der Hauptstraße durchs Dorf. Die Straße wird nach kurzer Zeit zu einem Feldweg, der am Waldrand entlangführt. Nach ca. 2,5 Kilometer überqueren Sie schräg rechts die Straße nach Neubrunn und kommen zur Mühle am Ortsrand von Wüstenzell. Nach dem Ort bergauf am Aalbach entlang und weiter bis Holzkirchen. Hier geht es links in die Brückenstraße. An der Brücke rechts, weiter bis zur berühmten Rundkirche der Benediktinerpropstei, erbaut von Balthasar Neumann, und über eine kleine Natursteinbrücke zum Ort hinaus.

Durch Wald und Felder führt der Weg nun im Tal entlang bis Uettingen. Über den Hollerbuschweg, eine kleine Brücke und den »Furtweg« kommen Sie zur Wertheimer Straße, queren sie und fahren über die Remlinger Straße aus dem Ort. Nach Uettingen kreuzen Sie die B 8, rollen am Naturschutzgebiet vorbei und bergauf die Straße entlang. An einer Wegkreuzung geht es links weiter bergauf. Nach der Bergspitze an der Reit- und Tennisanlage vorbei bis Remlingen. Hier über die Alte Würzburger Straße zur Ortsmitte, weiter über die Marktheidenfelder Straße und die Jahnstraße zum Ort hinaus, über den Berg und nach einer scharfen Linkskurve am Wald entlang. Nach ca. 1 200 Metern geht es zunächst rechts, dann an der Straße links am Sportplatz vorbei nach Tiefenthal und schließlich über Erlenbach nach Marktheidenfeld zurück.

Gaby Ullmann

Anfahrt

ÖPNV: Mit der Bahn bis Wertheim, dann mit Bus 8051 nach Marktheidenfeld zum Zentralen Omnibusbahnhof (ZOB) am Adenauerplatz.

Kfz: Auf der A 3 bis Ausfahrt Marktheidenfeld, dann weiter über die B 8. Parkmöglichkeiten z. B. am Rathaus, Festplatz oder Lohgraben.

Informationen

Tourist-Information Marktheidenfeld, Luitpoldstr. 17, 97828 Marktheidenfeld, Tel. 0 93 91/5 0 04-0 oder -41, www.marktheidenfeld.de

Weitere Informationen zum »Schoppen-Radweg« über die Gemeinden Erlenbach und Dertingen: www.gemeinde-erlenbach.de (unter »Tourismus und Freizeit« > »Radwege«) oder www.weinort-dertingen.de (unter »Tourismus« > »Dertingen« > »Radtouren«).

Besonderheit

Der »Schoppen-Radweg« kann locker an einem Tag gefahren werden und eignet sich auch für Familien mit Kindern. Fahrradverleih (auch E-Bikes) bei folgenden Hotels:

Hotel zum Löwen, Marktplatz 3, 97828 Marktheidenfeld, Tel. 0 93 91/15 71, www.loewen-marktheidenfeld.de, Check-in tägl. 16.00–18.00.

Hotel Anker, Kolpingstr. 7, 97828 Marktheidenfeld, Tel. 0 93 91/6 00 40, www.hotel-anker.de, Restaurant tägl. 12.00–14.00 und 18.00–22.00.

Extra

Ab in die Fluten – aber nein, nicht in den Main! Seit dem 17. Dez 2012 hat Marktheidenfeld eine neue Attraktion: Die Erlebnistherme Wonnemar (Am Maradies 8, 97828 Marktheidenfeld) verspricht mit einer 80 Meter langen Röhrenrutsche, Thermenbereich, Solestollen, Sauna- und Wellness-Landschaft Wasserspaß auf rund 9 500 m². Mo 12.00–22.00, Di–So und Fei 10.00–22.00, Spa- und Wellnessbereich jeweils 12.00–20.00. Tageskarte für Therme inkl. Erlebnis- und Sportbad 13,50 € (ermäßigt 12,50 €). Spezialtarife und weitere Informationen unter Tel. 0 93 91/81 06 50 oder auf www.wonnemar.de

29 Hinter den sieben Bergen
Schneewittchen im Spessart

Der ehrenwerte Freiherr Philipp Christoph von Erthal und seine Gemahlin Maria Eva hatten sieben Kinder, die alle gesund und wohlgeraten waren. Als Oberamtsmann und Direktor der Spiegelmanufaktur in Lohr am Main war von Erthal überaus einflussreich und vermögend, und so hatten er und die Seinigen niemals Grund, über Leid oder Ungemach zu klagen.

Eines Tages aber brach das Unglück über die Familie herein. 1741 starb Freifrau von Erthal nach kurzer schwerer Krankheit, und übers Jahr nahm sich ihr Mann eine zweite Frau, die zwar schön von Angesicht, aber hässlich von Herzen war. Wohl wusste sie ihrem Gatten zu schmeicheln, die Kinder jedoch bekamen von ihr kein gutes Wort. Vor allem das Nesthäkchen Maria Sophia Margaretha Catharina war ihr ein rechter Dorn im Auge. Die Jüngstgeborene war zu einem wahren Engel herangewachsen, voll Liebreiz und Güte, und, was die Stiefmutter noch mehr erzürnte, ihres Vaters Augapfel.

Voll Gram saß das missgünstige Weib nun Stunde um Stunde vor ihrem kostbaren Spiegel, einem Hochzeitsgeschenk ihres Gemahls, da erschien ihr mit einem Mal eine Fratze und auf dem Glas stand: »Eine Schönheit verwelkt, eine andere Schönheit erblüht.«

Rasend vor Eifersucht rief die Erthalerin den Jäger zu sich, der ihr treu ergeben war. »Geh mit dem Kind in den Wald und töte es«, befahl sie, und der Jäger gehorchte. Weil es aber ein düsterer Tag war und dicke Wolken den Himmel verdunkelten, bat das Mädchen ein ums andere Mal, man möge wieder umkehren, doch der Jäger lockte es mit falschen Versprechungen immer weiter. Als sie schließlich an der dunkelsten Stelle des Spessarts angekommen waren, zückte er das Messer. In diesem Moment öffnete sich der Himmel, und ein heller Sonnenstrahl traf des Jägers Augen, sodass er völlig geblendet war. Die kleine Maria Sophia, die nun den wahren Auftrag des Jägers erkannt hatte, lief in das Dickicht hinein und dann immer weiter. Der Jäger konnte das Mädchen nicht mehr einfangen und hatte reichlich Grund, den Zorn der Freifrau zu fürchten. So erlegte er einen Frischling und brachte das Herz des Tieres heim ins Lohrer Schloss als Beweis für den Tod des Kindes. Dem Vater erzählte man, seine Tochter habe sich verirrt und sei von einer Horde Wölfe gerissen worden.

Schneewittchen im Spessart

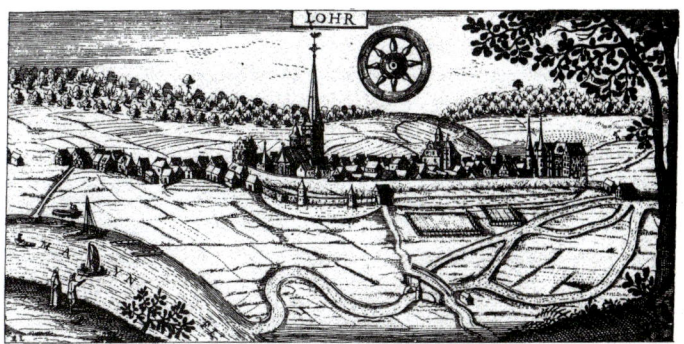

Lohr am Main – die Heimat von »Schneewittchen« Maria Sophia

Maria Sophia aber lief sieben Tage und sieben Nächte, lief über sieben Berge und durch sieben Täler und getraute sich in kein Dorf und in keine Kirche, aus Angst, die Stiefmutter könne sie finden. Völlig erschöpft kam sie schließlich an eine winzige Hütte, in der sieben Männer von kleiner, verwachsener Gestalt wohnten. Zwar erschrak das Mädchen zunächst vor den Buckligen, doch weil es freundlich und voller Fürsorge aufgenommen wurde, blieb es und führte den Männern den Haushalt, wenn sie ihrem Tagewerk in den Bieberer Bergwerken nachgingen.

Schon bald sprach sich im Land herum, dass ein Mädchen von unvergleichlicher Anmut bei den »Krummhälsern« lebte. Auch der Freifrau von Erthal blieb die Kunde nicht verborgen, und sie ließ den Jäger kommen, der ihr schließlich gestand, dass das Mädchen entkommen war. Kaum mehr Herrin ihrer Sinne lief die böse Stiefmutter durch ihre Gemächer, da sah sie plötzlich wieder die Fratze in ihrem Spiegel, und abermals bildete sich eine Inschrift. »Sie ist schöner als das Licht«, stand da geschrieben. Nun wurde das verblendete Frauenzimmer gänzlich irre, sprang mit einem Satz in den Spiegel hinein und wurde nie wieder gesehen.

⁂ Maria Sophia und die Brüder Grimm ⁂

An was erinnert Sie diese Geschichte? Natürlich: an Schneewittchen und die sieben Zwerge. In Lohr am Main ist man fest davon überzeugt, dass das Mädchen mit einer Haut so weiß wie Schnee, Lippen so rot wie Blut und Haaren so schwarz wie Ebenholz Maria Sophia Margaretha

> *Catharina von Erthal ist, die am 19. Juni 1729 im Schloss der Grafen zu Rieneck geboren wurde. Ihr Vater war der angesehene Freiherr Christoph Philipp von Erthal, ihre Mutter Maria Eva starb, als die Tochter gerade 16 Jahre alt war. In der Familie gab es sieben Kinder, darunter Friedrich Karl und Franz Ludwig, die späteren Fürstbischöfe von Mainz und Würzburg. 1743 heiratete von Erthal in zweiter Ehe Claudia Elisabeth, verwitwete von Venningen, geborene von Reichenstein und schenkte ihr einen Spiegel mit der Aufschrift: »Elle brille à la lumière« (Sie ist schön wie das Licht). Zu sehen ist der Spiegel, der nachweislich aus der Manufaktur des Freiherrn von Erthal stammt, noch heute im Spessartmuseum des Lohrer Schlosses. Auch die Schuhe, mit denen »Schneewittchen« geflüchtet sein soll, sind dort ausgestellt. Die Geschichte des Freifräuleins von Erthal könnte also durchaus – von Mund zu Mund ausgeschmückt und mystifiziert – den Brüdern Grimm zu Ohren gekommen sein, die 1785 und 1786 rund 60 Kilometer von Lohr entfernt in Hanau geboren wurden und dort später als Sprachwissenschaftler, Volkskundler und Märchensammler tätig waren.*

Ausflugstipp: Auf dem Schneewittchenweg von Lohr nach Bieber

Wer dem Fluchtweg des Schneewittchen folgen will, sollte früh aufstehen und gut trainiert sein. Immerhin sind 35 Kilometer und sieben Berge zu bewältigen. Der gut markierte Weg (»sieben Zwerge mit Schneewittchen vor dem Lohrer Schloss«) beginnt am Schloss zu Lohr. Vor dem Neuen Rathaus rechts zum Krankenhaus abbiegen, dort links die Grafen-von-Rieneck-Straße bis zur Ludwigstraße entlanggehen. Dieser rechts folgen. Am Fuß des Valentinusberges geht es zur Auferstehungskirche, an welcher der Wanderweg linker Hand bergauf führt. Dem Kreuzweg folgend bis zur Valentinus-Kapelle, in die Schneewittchen flüchten wollte, jedoch vor verschlossenen Türen stand. Weiter bis zum Waldhaus Rexroth und von dort bis zum höchsten Punkt. Nach 3 Kilometer zweigt rechts ein Wanderweg ab, auf dem es in 2 1/2 Kilometer bis Partenstein geht. Drei der sieben Berge sind jetzt schon überwunden: der Hammersbuch (511 m), die Steckenlaubshöhe (542 m) und die Pfirschhöhe (502 m).

In Partenstein geht es unter dem Eisenbahnviadukt in den Ort hinein (Wegmarkierungen auf den Laternenpfählen!), entlang des Lohrbachs und linker Hand den Burgberg hinauf. Weiter über den Auberg

Lohnendes Ziel für Schneewittchen-Fans: das Lohrer Schloss

bis zum Bergfeld bei Frammersbach. Von hier aus sind es noch 3 1/2 Kilometer bis zur Frammersbacher *Skihütte*, von der man einen guten Blick auf den Gaulskopf (519 m) und den Eichenberg (544 m) hat. 1 Kilometer entfernt liegt die *Fußballhütte*. Von der Skihütte aus erreicht man nach 1,7 Kilometer die Kapelle Heilig Kreuz (Wegweiser beachten!), in der Schneewittchen um ihre Rettung betete.

Von der Kapelle führt der Weg schräg links in den Wald bis zur Straße nach Habichsthal. Diese nach 2 1/2 Kilometer an der »Grotte«, einem Heiligenbild, queren, dann ca. 3 Kilometer weiter im Wald bis zur Wiesener Straße, diese ebenfalls überqueren. Von der Wiesener Straße geht es nun über die letzten beiden Berge, die Erkelshöhe (517 m) und den Hühnerberg (482 m), bis zum romantischen Wiesbüttsee an der bayerisch-hessischen Grenze. Links halten und dem gewohnten Wanderzeichen ca. 2 1/2 Kilometer bis zum Dr.-Kihn-Platz folgen. Bergab über den Bach im Lochborn und hinauf zur St.-Mauritius-Kapelle auf dem Burgberg. Von hier aus geht es noch ca. 1 1/2 Kilometer bergab bis nach Bieber, einem Ortsteil von Biebergemünd. Dort in der Moritz-Kapelle dankte Schneewittchen für ihre Rettung, verbarg sich bei den Bergleuten und führte ihnen den Haushalt. Die Flucht war beendet – und der Wanderweg ist es auch.

Gaby Ullmann

Anfahrt

ÖPNV: Da es keine öffentliche Nahverkehrsverbindung zwischen Lohr und Bieber gibt, sind Schneewittchen-Wanderer auf zwei Pkws angewiesen, von denen einer am Endpunkt der Strecke stationiert wird. Ohne Auto kann man nach einer Übernachtung in Bieber nur zu Fuß wieder nach Lohr zurück.

Kfz: Auf der A 3 bis Ausfahrt Weibersbrunn, von dort über Rothenbuch und weiter auf der B 26 nach Lohr am Main. Alternativ auf der A 3 bis Ausfahrt Marktheidenfeld, ein Stück über die B 8 und dann immer am Main entlang bis Lohr.

Informationen

Tourist-Information Lohr am Main, Schloßplatz 5, 97816 Lohr am Main, Tel. 0 93 52/1 94 33, www.lohr.de

Spessartmuseum im Schloss zu Lohr am Main, Schloßplatz 1, 97816 Lohr am Main, Tel. 0 93 53/7 93 23 99, www.spessartmuseum.de, Di–Sa 10.00–16.00, So und Fei 10.00–17.00, Eintritt 3,00 € (ermäßigt 2,00 €).

Essen und Trinken

Gaststätten und Hütten zur Rast sind in Lohr am Main, Partenstein, Frammersbach, Mosborn, am Wiesbüttsee und in Bieber zahlreich zu finden.

Skihütte in Frammersbach, Tel. 0 93 55/28 20, Mi 14.00–18.00, So und Fei 9.00–20.00, im Winter / bei Skibetrieb tägl. geöffnet.

Fußballhütte in Frammersbach, Tel. 0 93 55/71 30 (Hr. Zachrau) oder 0 93 55/48 76 (Fr. Büdel), Sa–So ab 14.00.

Extras

Genießen statt hetzen: Falls Sie nicht selbst auf der Flucht sind, sollten Sie den Weg zwischen Lohr und Bieber gemütlich angehen lassen und zwischendurch übernachten. Über die Tourist-Information (s. o.) können Sie bspw. ganz bequem das Pauschalangebot »Wandern ohne Gepäck« buchen.

Ebenfalls empfehlenswert: Jeden letzten So im Okt wird in der historischen Altstadt von Lohr das Rambourfest gefeiert. Bei diesem verkaufsoffenen So dreht sich alles um den Apfel – und natürlich um Schneewittchen und die sieben Zwerge, die höchstpersönlich vertreten sind.

Zappliges Spielzeug 30
Die Miltenberger Heunesäulen

Solche Baumeister hatte die Welt noch nicht gesehen! Pfeifend schulterten sie tonnenschwere Säulen, als ob's ein Kinderspiel wäre – und das war es auch, denn die Kerle, die dazumal auf den Höhen rund um Miltenberg hausten, waren keine gewöhnlichen Menschen, sondern Heunen, groß und stark wie Riesen, doch nicht von so wilder Art.

Die Heunen aus dem Spessart hatten sich Großes vorgenommen: Hunderte von Säulen wollten sie aus dem Sandstein herausmeißeln, als Pfeiler für eine riesige Brücke, die sich über das ganze Maintal spannen sollte, vom Heunenberg bis zum Gipfel des Engelsberges.

Unter ihnen war damals ein Mädchen, dessen Mutter früh verstorben war. Weil der Vater sein Töchterchen zärtlich, ja ängstlich behütet hatte, war es bislang nicht weit über die Grenzen der väterlichen Burg hinausgekommen. Nun aber wurde der Vater bei dem großen Bau gebraucht, das Kind blieb sich selbst überlassen, und bald wusste es gar nicht mehr, was es anstellen sollte.

An einem sonnigen Frühlingsmorgen fasste sich das Kind ein Herz und stieg ins Tal hinab. Am Waldrand blieb es staunend stehen. Vor seinen Augen lag ein Acker, der gerade von einem Bauern bestellt wurde. Der Landsmann mit seinem Pferdepflug kam dem Heunenmädchen so klein und niedlich vor, dass es vor Freude in die Hände klatschte und rief: »Welch schönes Spielzeug, das nehme ich mir mit nach Hause!«

Mit wenigen Sprüngen eilte es den Berg hinab, kniete nieder, strich mit der Hand über das Feld und schob Mann, Pflug und Pferde in die ausgebreitete Schürze. Obwohl der überraschte Bauer tüchtig rumorte, konnte er doch nichts ausrichten, denn das Kind hielt die Schürze sorgfältig zu und eilte so schnell es konnte zur väterlichen Burg zurück. Der Vater war schon zu Hause, als sein Töchterchen ins Zimmer tanzte. »Was bringst du da Zappliges, mein Kind?«, sprach er. »Du hüpfst ja vor Freude!«

»Sieh nur«, rief das Mädchen, machte geschwind seine Schürze auf, nahm Bauer, Pflug und Pferde heraus und stellte sie behutsam auf den Tisch. Als sich der Bauer, sobald er zu Atem gekommen war, um sein Gespann kümmerte, die Tiere streichelte und ihnen die Geschirre zurechtlegte, da kannte die Begeisterung des Mädchens keine Grenzen mehr. Wieder klatschte es jubelnd in die Hände, sprang um den Tisch herum und freute sich daran, wie sich die kleinen Wesen bewegten. Der

Die Miltenberger Heunesäulen

Die Mildenburg über dem Maintal – hier wollten die Heunen ihre gigantische Brücke bauen.

Vater aber sprach: »Kind, da hast du ohne es zu wissen was Schönes angerichtet! Geh nur gleich und trag alles wieder an den Platz, wo du es gefunden hast.«

Das Mädchen war bitterlich enttäuscht, es half aber nichts. »Was du gefunden hast, ist kein Spielzeug«, sagte der Vater ernsthaft. »Wenn der Bauer seinen Acker nicht bestellt, dann wächst darauf kein Korn für unser Brot.« Nun murrte das Mädchen nicht länger, gehorsam brachte es den Bauern und sein Gespann ins Tal zurück.

Der Bauer hatte sich bald von seinem Schrecken erholt; er spannte die Pferde wieder an den Pflug, und als das Heunenmädchen langsam heimwärts ging, hörte es, wie er die Tiere mit lautem »Hü hott!« antrieb.

Die Brücke übers Maintal aber wurde nie gebaut, denn die Heunen kamen überein, das gewaltige Vorhaben einzustellen. Die Säulen liegen jedoch heute noch bei Miltenberg im Wald und künden von den starken Kerlen, die einst auf den Höhen hausten.

❦ Einfach riesig: Rübezahl & Co. ❦

Hünengräber und mächtige Burgen, Erdbeben oder entwurzelte Bäume – für unsere Vorfahren gab es keinen Zweifel: Hier waren erstaunliche Kräfte am Werk. Schon die Germanen kannten Riesen, die älter als die Götter waren und stets im Kampf mit ihnen lagen. Die Griechen und Römer hatten ihre Giganten, Titanen und Zyklopen, im Riesengebirge ging Rübezahl um und in den Alpen trieb Watzmann sein Unwesen, bis er zur Strafe versteinert wurde.

Im Gegensatz zu den menschenfressenden Kolossen anderer Völker waren die »Heunen« (Hünen) unserer Sagen jedoch selten grausam. Sie waren nur wild, und diese Wildheit trieb sie dazu, Berge zu versetzen und gewaltige Bauten zu errichten. Falls Ihnen die Sage bekannt vorkommt: Ähnliche Riesengeschichten sind auch aus anderen Regionen überliefert, darunter auch ein (aus einer Sage entstandenes) Märchen der Brüder Grimm, in dem eine Riesentochter von Burg Nideck im Elsass einen Bauern mit seinem Gespann aufliest.

ᘓ Achtung, Brandgefahr! ᘔ

Die Bearbeitungsspuren lassen darauf schließen, dass die Miltenberger Heunesäulen etwa tausend Jahre alt sind. Vermutlich waren sie für den Neubau des abgebrannten Mainzer Doms vorgesehen. Während der Bauarbeiten entschloss man sich jedoch, anstelle der Monolithsäulen zusammengesetzte Pfeiler zu verwenden, die im Falle eines Brandes nicht so leicht bersten. Bei den vielen Kerzen, die in den Kirchen leuchteten, war die Brandgefahr schließlich nicht zu unterschätzen.

Ausflugstipp: Von den Heunesäulen nach Miltenberg

Sie müssten nicht in den Spessart fahren, um die sagenhaften Säulen zu sehen, denn eine davon steht im Germanischen Nationalmuseum in Nürnberg, zwei weitere in Mainz und München. Dann würden Sie sich aber nicht nur den wildromantischen Schauplatz unserer Sage entgehen lassen, sondern auch das bezaubernde Miltenberg, das mit seinen Café- und Restaurant-Terrassen zum Main hin geradezu mediterranes Flair verströmt.

Am besten wandern Sie zuerst zu den Heunesäulen. Von Miltenberg aus fährt man auf der B 469 am Main entlang über die Mainbullauer Straße Richtung Amorbach, dann rechts ab nach Mainbullau. Auf halber Strecke stoßen Sie nach einer Linkskehre auf eine linker Hand liegende Parkbucht mit grünem Hinweisschild »Zu den Heunesäulen«. Von hier aus sind Sie in wenigen Gehminuten am Ziel. Bleiben Sie auf

Riesige Reste: die 1 000 Jahre alten Säulen aus dem Spessart

der linken Seite und folgen Sie der Straße etwa 50 Meter bergauf, bis ein beschilderter Wanderweg nach links in den Wald führt. Nach 200 Metern zweigt ein schmaler Pfad nach rechts ab, bergauf zu dem verwunschenen Platz, wo die bemoosten Säulen liegen. Die größte ist über sieben Meter lang und 1 1/4 Meter dick.

In Miltenberg kann man am Großparkplatz an der Mainbrücke günstig parken. Ganz in der Nähe steht am Mainufer eine aufgerichtete Heunesäule. Gegenüber vom Parkplatz-Ausgang führt ein Schild geradeaus zum Rathaus am Engelplatz. Im Rathaus befindet sich auch die Tourist-Information, wo man einen kostenlosen Stadtplan oder, für einen Euro, einen bebilderten Plan mit Ortsrundgängen und Infos über die Sehenswürdigkeiten der Stadt bekommt. Wir biegen zunächst rechts ab in die Fußgängerzone in der Hauptstraße, dann gleich wieder links hoch in Richtung Stadtpark, vorbei an einem märchenhaften Gärtchen in der Riesengasse und an den versunkenen Grabsteinen des Alten Judenfriedhofs. Oben führt unser Stadtrundgang nach rechts, an alten Villen entlang zur Mildenburg. Die mehrfach zerstörte und wieder aufgebaute spätromantische Burg konnte man lange nur von außen bewundern. Nach umfangreichen Renovierungsarbeiten wurde sie im Jahr 2011 wieder eröffnet und beherbergt nun ein Museum mit Ikonen und moderner Kunst. Von der Freiung aus genießt man einen wunderbaren Blick über Stadt und Main. Ausgetretene Steinstiegen führen hinunter zum »Schnatterloch« mit seinen prächtigen Fachwerkhäusern und dahinter einem der schönsten Marktplätze Deutschlands.

Die mittelalterlichen Häuser in der Fußgängerzone, durch die wir zurück zum Maintor schlendern, stehen dem allerdings kaum nach. Wie gesagt, Sie müssten nicht unbedingt nach Miltenberg fahren – es wäre aber schade, wenn Sie es bleiben ließen.

Gisela Lipsky

INFO

Anfahrt
ÖPNV: Vom Miltenberger Bahnhof sind es nur einige Gehminuten ins Zentrum auf der anderen Seite des Mains. In Richtung Heunesäulen fährt die »Rufbus«-Linie 84 (nach Vereinbarung unter Tel. 0 93 71/60 06).
Kfz: Auf der A 3 bis Ausfahrt Wertheim/Lengfurt, dann auf der Landstraße am Main entlang über Wertheim nach Miltenberg.

Informationen
Tourismusgemeinschaft Miltenberg-Bürgstadt-Kleinheubach, im Rathaus, Engelplatz 69, 63897 Miltenberg, Tel. 0 93 71/40 41 19, www.miltenberg.info
Museum Burg Miltenberg, auf der Mildenburg, Conradyweg 20, 63897 Miltenberg, Tel. 0 93 71/66 85 04, www.museum-miltenberg.de, Anfang Apr–Anfang Nov Di–Fr 13.00–17.30, Sa–So 11.00–17.30, Nov–März geschlossen. Eintritt 3,00 € (ermäßigt 2,00 €).

Essen und Trinken
In der Fußgängerzone finden Sie die älteste Fürstenherberge Deutschlands, in der schon Kaiser Barbarossa, König Ludwig der Bayer und andere gekrönte Häupter getafelt haben sollen: *Gasthaus Zum Riesen*, Hauptstr. 99, 63897 Miltenberg, Tel. 0 93 71/98 99 48, www.riesen-miltenberg.de, Mo–Mi 11.00–24.00, Do–Sa 11.00–1.00, So 11.00–23.00.

Extra
Kurz entschlossene Besucher können täglich um 14.00 ohne Voranmeldung an einer Stadtführung teilnehmen, jeden Tag mit einem anderen Schwerpunkt, je nach Thema 4,00 bis 12,00 € pro Person. Infos unter Tel. 0 93 71/40 41 19 oder auf www.miltenberg14uhr.de

Die Autorinnen

Gisela Lipsky, Jahrgang 1962, hat seit jeher eine Schwäche für die fantastische Welt der Sagen, Mythen und Märchen. Sie war mal Feuilletonredakteurin bei der *Abendzeitung Nürnberg*, schreibt heute aber lieber über Gott und die Weltgeschichte. Seit 1998 lebt sie als freiberufliche Autorin auf dem Land. Veröffentlichungen: *Schlaraffenträume* (Roman, 2001); *Jede Menge Leben. Ein Stadtführer zu Genuss und Lebenskunst* (2002); *Mit Kompass und Korsett. Reisende Entdeckerinnen* (2009); *Der Ausflugs-Verführer Fränkisches Seenland* (2006/2014).

Gaby Ullmann, Jahrgang 1964, war ebenfalls bei der *Nürnberger Abendzeitung*, wohnt mittlerweile in München und arbeitet dort als stellvertretende Chefredakteurin für eine große Frauenzeitschrift. Als Kind liebte sie es, mit ihrer Großmutter alte Burgen und Schlösser zu besuchen, und träumte davon, mit einer Zeitmaschine in die Vergangenheit zu reisen. Nach Franken kehrt sie regelmäßig zurück – nicht nur, weil sie ihrer Heimat so verbunden ist, sondern auch der Liebe wegen.

Ortsregister

A

Absberg 53–57
Ahorntal 109, 121–126
Ailsbachtal 106, 123
Altdorf 35–40
Ansbach 70–75, 138
Aschaffenburg 138
Aub 154, 156, 157

B

Bamberg 81, 88–92, 97
Bayernturm 157
Bayreuth 109, 126, 138, 140
Bettingen 168
Bieber 171, 172–173, 174
Binghöhle 106, 109
Bundorf 154, 155, 156, 158
Burg Brennhausen 156, 157
Burg Egloffstein 107, 108
Burg Hilpoltstein 41–46
Burg Rabenstein 109, 121–126

C

Coburg 142–147

D

Dertingen 168, 169
Dillberg 165–169
Dinkelsbühl 64

E

Eger 127, 128
Egloffstein 102, 104–109
Ehingen 67, 68
Ehrenbürg 93–97
Eichenberg 173
Eichstätt 81, 94
Engelsberg 175
Epprechtstein 132–136
Erlenbach 168, 169
Eschenbach 58–63

F

Fischbach 24
Forchheim 97
Frammersbach 173, 174
Frauenstein 104–109

G

Gaulskopf 173
Gerolfingen 67, 68
Gößweinstein 109, 110–114, 126
Großenhausen 154, 155, 156
Großgründlach 138, 139
Gunzenhausen 12

H

Habichsthal 173
Hallerstein 132–136
Hanau 172
Heidenfeld 165
Hesselberg 64–69
Heuberg 46
Hilpoltstein 41–46
Hollenberg 115–120
Holzkirchen 168
Homburg 167
Hundshaupten 102, 103

Ortsregister

I

Illesheim 12

K

Kalchreuth 13
Kirchahorn 109, 126
Kirchehrenbach 93–97
Kulmbach 137–141

L

Lauberberg 81, 84, 85
Lengfurt 165, 167
Lentersheim 67, 68
Leutenbach 94, 98–103
Lohr am Main 170–174
Lohrbach 172
Lohrer Schloss 170, 172, 174
Lonnerstadt 81–85
Luisenburg 127–131
Luxburg 127–131

M

Main 137–141, 159–164, 165–169, 170–174, 175–179
Marktheidenfeld 165–169
Mildenburg 178, 179
Miltenberg 175–179
Mosborn 174
Muggendorf 108

N

Neubrunn 168
Neumarkt 13
Neuses 155

Nürnberg 10–16, 17–22, 23–28, 29–34, 70–71, 81, 139, 153, 177

O

Oberailsfeld 109, 121, 123, 125, 126
Obereßfeld 155

P

Partenstein 172, 174
Plassenburg 137–141
Pommersfelden 85
Postbauer 12
Pottenstein 106, 108, 120
Pretzfeld 97

R

Rabenstein 104–106, 107
Remlingen 168
Reutersbrunn 150–153
Röckingen 67, 68
Rodenstein 94
Rothenburg 76–80

S

Schlaifhausen 94, 96
Schloss Hundshaupten 102
Schloss Sternberg 157
Schloss Weissenstein 85
Schlössleinsbuck 67
Sophienhöhle 106, 109, 123–124, 126
Stempfermühle 110–114
Streitberg 106, 108, 109
Sulzdorf 154–158

T

Teufelshöhle 106, 108–109
Teufelsschlucht 39
Teuschnitz 81
Tiefenthal 168

U

Uettingen 168

V

Veitshöchheim 164

W

Walberla 93–97, 103
Wassertrüdingen 66, 68
Weißenburg 47–52
Wertheim 179
Wien 25, 31
Wiesbüttsee 173, 174
Wiesenthau 94, 96
Wittelshofen 67, 68
Wolframs-Eschenbach 58–63
Wörnitztal 68
Wunsiedel 127–131
Würzburg 81, 159–164, 166
Wüstenzell 168

Reisen durch die Zeit

▷ Wo soll Attila der Hunnenkönig bestattet sein, und wo taufte der heilige Gumbertus bekehrte Heiden? Wo wurde ein Haus ohne Dach errichtet, und wie konnte eine Frau jahrelang als Soldat in der Habsburger Armee dienen? Wieso heißt die Fuchsie Fuchsie, und was hat der Müller Thomas Schmalz mit abgehauenen Nasen zu tun? *Fundort Geschichte Franken* hat diese und andere verschwiegene und geheimnisvolle Sehenswürdigkeiten aufgespürt, mit denen sich kuriose, zuweilen auch makabere Begebenheiten verbinden.

- 50 unterhaltsame Geschichten mit Geschichte
- Viele Freizeittipps für spannende Ausflüge in die Vergangenheit
- Alle wichtigen Infos zu Anfahrt und Öffnungszeiten im handlichen Format

Fundort Geschichte Franken
Klappenbroschur, 164 S.
ISBN 978-3-86913-491-8